CB054312

Cezar Carneiro de Souza

Valiosos ensinamentos com
Chico Xavier

INSTITUTO DE DIFUSÃO ESPÍRITA
Av. Otto Barreto, 1067 - Caixa Postal 110
CEP 13602-970 - Araras - SP - Brasil
Fone (19) 3541-0077 - Fax (19) 3541-0966
C.G.C. (MF) 44.220.101/0001-43
Inscrição Estadual 182.010.405.118

IDE EDITORA É APENAS UM NOME FANTASIA UTILIZADO
PELO INSTITUTO DE DIFUSÃO ESPÍRITA,
O QUAL DETÉM OS DIREITOS AUTORAIS DESTA OBRA.

www.ide.org.br
info@ide.org.br
vendas@ide.org.br

Capa:
César França de Oliveira

© 2008, Instituto de Difusão Espírita

1ª edição – dezembro/2008
10.000 exemplares

FICHA CATALOGRÁFICA

(Preparada na Editora)

Souza, Cezar Carneiro de, 1936-

S71v *Valiosos ensinamentos com Chico Xavier* / Cezar Carneiro de Souza. Araras, SP, IDE, 1ª edição, 2008.

224 p.: 40 il.

ISBN 978-85-7341-428-8

1. Espiritismo 2. Médiuns - Brasil 3. Xavier Francisco Cândido, 1910-2002. I. Título.

CDD -920.9133910981
-133.9
-133.91

Índices para catálogo sistemático:

1. Brasil: Médiuns: Biografia 920.9133910981
2. Espiritismo 133.9
3. Mediunidade: Espiritismo 133.91

Nota do autor

A fotografia da capa, prazerosamente, nos remete a um passado de júbilo em acontecimentos marcantes junto a Chico Xavier.

Naquela ocasião participávamos com o querido amigo, na excelente cidade balneária de Araxá (MG), da inauguração do Centro Espírita "Caminheiros do Bem", em sua nova sede. Era janeiro de 1976...

Na expressiva foto, Chico Xavier com Dr. Olavo Escobar, eu e uma colaboradora da Casa Espírita.

Vale observar o olhar iluminado de um garoto, embevecido pela figura venerável de Francisco Cândido Xavier.

Cezar Carneiro de Souza

DEDICATÓRIA

À minha querida família...

Marli, dedicada esposa...

Meus filhos: Sissi, Luís César, Márcia e Marco Aurélio...

Minha terna inspiração em meus ideais espíritas...

Ofereço-lhes, de coração, o que escrevi sobre a vida apostolar de Francisco Cândido Xavier, neste despretensioso trabalho.

Sissi, Marco Aurélio, Luís César e Márcia.

ÍNDICE

ÍNDICE DAS ILUSTRAÇÕES

O PORQUÊ DESSAS LEMBRANÇAS

Ao fazer mais estas anotações da vida cristã de Francisco Cândido Xavier, humilde mensageiro do Filho de Maria de Nazareth, procuro imitar o bom exemplo do leproso curado por Jesus: volto para agradecer. E como não?!

Presenciei desde os meados do ano de 1963, na Comunhão Espírita Cristã, Chico Xavier atender centenas de pessoas, psicografar por mais de três horas seguidas, missivas de jovens do além, trazendo conforto e esclarecimento aos corações sofridos de suas mãezinhas, atestando a continuidade da vida depois da morte.

Além dessas epístolas de luz, o venerável Espírito de Emmanuel, tutor do trabalho mediúnico do médium, e outros instrutores da Vida Maior redigiam expressivas mensagens sobre a importância da Humanidade buscar o Evangelho de Jesus como único meio na conquista da paz.

Por isso, confesso, após aquele inesquecível dia, renasceram em minha alma as perspectivas das mais altas expressões de vida eterna, com a certeza absoluta de que nossa destinação é a angelitude, o futuro de todos os Espíritos, filhos de Deus, Nosso Pai, Criador de todas as coisas na grande conquista do Amor e da Sabedoria.

Cezar Carneiro de Souza
Uberaba, 2 de abril de 2008.

1

RELEMBRANDO FATOS BIOGRÁFICOS

Narra Emmanuel[1] que Lucas, em conversa com Paulo, disse-lhe:

– "Registrarei nas minhas anotações como foste amado por quantos receberam das tuas mãos fraternais o benefício de Jesus!..."

Paulo, contrariado, adverte o amigo:

– "Não, Lucas. Não escrevas sobre virtudes que não tenho. Se me amas, não deves expor meu nome a falsos julgamentos. Deves falar, isso sim, das perseguições por mim movidas aos seguidores do Santo Evangelho; do favor que o Mestre me dispensou às portas de Damasco, para que os homens mais empedernidos não desesperem da salvação e aguardem a sua misericórdia no momento justo; (...)."

E o Apóstolo extraordinário ainda advertiu o querido amigo:

– "Cala sempre, porém, as considerações, os favores que tenhamos recolhido na tarefa, porque esse galardão só pertence a Jesus. (...) Escreve, portanto, tuas anotações do modo mais simples e nada comentes que não seja para glorificação do Mestre no seu Evangelho imortal!..."

---

[1] *Paulo e Estêvão*, FEB, segunda parte, cap. VIII, p. 614.

1 - *Francisco Cândido Xavier e Clovis Tavares* (1942).
Foto cedida por dona Aparecida, fundadora do Lar da Caridade (Hospital do Pênfigo)

Valiosos ensinamentos com CHICO XAVIER

São fatos históricos de elevado valor do Cristianismo nascente. E nos dias de hoje nos lembramos das anotações do culto escritor espírita Clóvis Tavares quanto às lições de vida exemplar do grande médium de Pedro Leopoldo em seu belo livro: *Trinta Anos com Chico Xavier* (IDE).

Quando o distinto irmão, de Campos (RJ), consultou o Chico a respeito de sua intenção em escrever um singelo estudo de sua mediunidade, o médium querido se opôs à idéia e, em resposta mansa e humilde, dizia:

– *Para quê, meu bom amigo, falar acerca de um graveto que se confunde com o pó?*

Após nova insistência, o Chico replicava humilde:

– *Clóvis, se você conseguisse encontrar algo de bom no meu caminho, isso seria unicamente a mensagem dos nossos Benfeitores Espirituais...* (Cap. 1, p. 19)

Os anos transcorreram e o valoroso irmão campista não desistia... Até que obteve a permissão do Chico. E o Clóvis escreve na Introdução da referida obra:

"A ressalva de sua humildade inseparável permaneceu, contudo: – *Desde que se trate de uma seleção de fatos de um depoimento em favor de nossa Doutrina...*" (p. 21)

Felizmente, com a insistência de Clóvis Tavares, o livro *Trinta Anos com Chico Xavier* enriqueceu a Literatura Espírita.

Os verdadeiros missionários, desprovidos do doentio personalismo, nos ensinam o equilíbrio e a prudência em escrever biografias.

2

O MENINO MÉDIUM

E Chico Xavier no programa de Hebe Camargo, em 17 de setembro de 1973, na TV Record, conta:

"– Eu tinha quatro anos de idade quando voltei da cidade de Matozinhos, perto de Pedro Leopoldo, onde nasci, em companhia de meus pais e de meus irmãos. Meus pais haviam assistido às cerimônias religiosas que naquele tempo eram consideradas de praxe para todas as famílias católicas. Havíamos caminhado onze quilômetros. Chegamos em casa, numa noite bastante fria, com chuva. Meus irmãos, se dirigiram logo para o descanso do sono. Minha mãe, naturalmente preocupada com problemas de saúde, trocou-me a roupa e, como eu estava fatigado, levou-me à cozinha, onde fora fazer um café para o meu pai. Enquanto esperava o café que se fazia, meu pai começou a falar a respeito de um problema de aborto que havia ocorrido com uma de nossas vizinhas. Uma criança havia nascido fora de tempo e meu pai, que não havia atingido a verdade sobre o assunto, discutia com minha mãe a respeito. Nesse instante, eu ouvi uma voz e então transmiti para meu pai. "O senhor naturalmente não está informado com respeito ao caso. O que houve foi um problema de nidação inadequada do ovo, de modo que a criança adquiriu

posição ectópica". Meu pai arregalou os olhos e disse para minha mãe: "O que é isso, Maria? Esse menino não é o nosso. Trocaram esta criança na igreja, enquanto nós estávamos na confissão" – e me perguntou o que vinha a ser nidação, o que vinha a ser ectópico, o que vinha a ser implantação. E eu não sabia explicar coisa nenhuma porque falei o que uma voz me dissera. Ele me olhou com muita desconfiança, e minha mãe comentou: "Não, João, este menino é o nosso mesmo!" "– Este menino não é o nosso. Até a roupa dele esta mudada!" (disse o pai). Então a minha mãe explicou: "Eu mudei a roupa da criança agora, por causa do frio". Eu tinha quatro anos de idade e me recordo perfeitamente."[1]

Quando ouvimos, em outra ocasião, o Chico contar esta história, perguntamos:

– Mas, você, com quatro anos de idade já entrava em contato com os Espíritos?

E ele respondeu:

– *Olha, gente, vocês podem até não acreditar, mas desde que cheguei aqui neste mundo eu vejo as coisas do mundo espiritual.*

Incrível, mas é a verdade.

Que Espírito não será o nosso venerando Francisco Cândido Xavier?!

---

[1] *Encontros no Tempo* – cap. 14, item 116, p. 105/106, Francisco Cândido Xavier e Hércio M. C. Arantes, IDE.

3

DESEMPREGO

Após as reuniões normais na Casa Espírita, com a presença de Chico Xavier, que sempre permanecia junto ao povo por longas horas sem nunca ter pressa de se retirar, surgiam importantes ensinamentos. Naquela noite, o tema para a reunião evangélica versou sobre o trabalho.

Nas conversas posteriores à reunião, inúmeras queixas dirigidas ao querido médium foram sobre desemprego, inclusive reclamações acusando o frágil mercado de trabalho do nosso país, causando a falta de serviço remunerado, gerando, por isso, grandes problemas para a sociedade brasileira. Alguém lamentava que mesmo formado em vários cursos superiores não conseguia emprego.

– E daí, Chico, como você vê o problema? Não é grave? – perguntou um dos mais inconformados.

– *É, vocês não acham, mas aqui até que está bom. Desemprego mesmo é do lado de lá* – respondeu com bom humor.

O ambiente tornou-se ameno e com um sorriso descontraído, após breve silêncio, afirmou:

– *É verdade, gente, é isso mesmo!*

Sabemos, com a lógica da Doutrina Espírita que, no passado, malbaratamos o trabalho, vivemos à custa dos outros, por tudo isso construímos o nosso carma.

Raciocinando no que o Chico disse, concluímos: pela maneira indisciplinada e egoística que vivemos, chegamos ao Mundo Espiritual, após a morte, inabilitados para o trabalho.

Meditemos, portanto, na sábia orientação contida em *O Livro dos Espíritos*, de Allan Kardec, IDE:

680 – Não há homens que são incapazes para o trabalho, qualquer que seja, e cuja existência é inútil?

– Deus é justo e não condena senão aquele cuja existência é voluntariamente inútil e vive na dependência do trabalho dos outros. Ele quer que cada um se torne útil, segundo suas faculdades.

4

CARTAS DE UMA MORTA

"As páginas que vão ler são de autoria daquela que foi, na Terra, a minha mãe muito querida." Chico Xavier [1]

Nesse livro, o segundo do singular médium de Pedro Leopoldo, escrito pelo Espírito, daquela que fora sua adorada mãezinha, traz-nos, a pedido do ilustre filho, "as impressões iniciais da sua vida no outro mundo".

Com relação ao progresso do Espírito no plano espiritual, Dona Maria João de Deus explica: "... Lá também, a sociedade se organiza, as suas leis predominam, as famílias se reúnem sob os imperativos das afinidades naturais. Luta-se, estuda-se, no amálgama dos sentimentos que caracterizam o homem racional."

No ano de 1968, em uma daquelas luminosas madrugadas, junto ao Chico, ele contava:

– *A minha mãe escreveu, está lá no livro dela (citou a página): Meu filho, sê pobre. Ora, aquilo foi em 1935... Ela não imaginava que hoje, só de selos para minha correspondência eu gasto a minha aposentadoria.*

---

[1] *Cartas de Uma Morta*, Prefácio, LAKE.

Valiosos ensinamentos com CHICO XAVIER

O querido servo de Jesus dava tal explicação respondendo a determinado grupo espírita quanto à aplicação dos bens materiais. Aqueles irmãos adotavam uma conduta meio mística e condenavam os ricos do mundo.

Respeitosamente, alegre e sorrindo, Chico Xavier encerrou o assunto dizendo:

– *Como ficamos nós em nossas atividades assistenciais sem a generosidade daqueles que possuem uma soma grande de recursos materiais? Ah! Meus amigos, assustaríeis se soubésseis o quanto de dinheiro tem passado pelas minhas mãos rumo àqueles em dificuldades maiores, os chamados filhos do Calvário...*

A opinião do Chico, sobre o dinheiro que sobrava além das necessidades de uma Instituição Espírita, é de que deveria ser aplicado em favor dos pobres.

Temos conhecimento de várias moradias simples e bem construídas por Chico Xavier que foram doadas gratuitamente, inclusive com a escritura, às pessoas carentes. Tal atitude do médium era de absoluta discrição.

Certa feita, presente em uma Casa Espírita, exageradamente grande, confidenciou-nos:

– *Meu Deus! Como é que o pobre vai entrar aqui?*

5

UM GESTO DE SOLIDARIEDADE

Em uma bela tarde, o distinto e saudoso amigo Wilson Miranda encontrou-se com o Chico em um bar na praça principal de Uberaba.

Após os cumprimentos fraternos, o prezado confrade mostra ao médium um "livro de ouro", destinado a arrecadar fundos para a construção da sede da Casa Espírita "Caminho da Verdade".

Chico Xavier, de posse do livro, retira do bolso uma doação e diz:

– *Olha, todo o dinheiro que tenho é este. Leva. É para ajudar na construção do Centro.*

O nosso Miranda, surpreso, diz:

– Não, Chico, não precisa. Nós sabemos de seus inúmeros compromissos. Estou só te mostrando o nosso trabalho.

– *Ah, meu amigo! Emmanuel está mandando que eu lhe entregue todo o dinheiro que eu tenho em meus bolsos. E eu atendo a ele com muita alegria!*

O nosso estimado amigo ia se retirando, feliz da vida, quando o Chico ainda lhe diz:

– *Não esmoreça, vocês conseguirão os recursos de que precisam e eu fico muito feliz!*[1]

---

[1] A instituição referida foi inaugurada em 08/04/1962.

6

PROFÍCUO ENCONTRO

Comentávamos sobre os trabalhos junto a Chico Xavier com um grupo de companheiros, quando dedicado amigo contou-nos sua experiência com aquele saudoso irmão e benfeitor.

Disse-nos:

– Aos quinze anos de idade, participava dos trabalhos da Mocidade do Centro Espírita "Paz e Amor", da tia Alice, aqui em Uberaba. Preocupado em desenvolver-me como médium, fui em busca de Chico Xavier. Para mim ele era como um deus, a meu ver ele era o máximo. Ao chegar na Casa Espírita, enfrentei enorme fila, uma multidão de pessoas queria falar com ele. Após longas horas de espera, me vi à sua frente e, emocionado, ajoelhei-me, beijei suas mãos e disse:

– Chico, eu quero desenvolver a minha mediunidade. O que é que eu tenho que fazer?

Ele, de maneira amorosa, como um pai bondoso e prudente, aconselhou-me:

– *Meu filho, você quer desenvolver a mediunidade? Faça caridade! É isso que é desenvolvimento da mediunidade – praticar a caridade.*

Chico Xavier parecia envolto em suave luz e, olhando-me com extremado amor, continuou:

— *Você, meu jovem, tem uma longa trajetória em sua vida. Experiências inúmeras o aguardam. Não se preocupe com desenvolvimento mediúnico...*

Hoje, nessa manhã fria do dia 3 de maio de 2008, ao ouvir o querido amigo Dr. Luiz Henrique contar-me aquele profícuo encontro com Chico Xavier, penso quantos ensinamentos não terão acontecido junto ao inestimável Servo de Jesus.

E o amigo lembrou ainda que de fato o Chico, em sua sabedoria, previu o quanto de lutas acerbas e aprendizados vários ele colheria e tem colhido na vida: estudos árduos, trabalhos intensos na área do Direito, no Ministério Público e constituição de abençoados laços de família.

Escrevemos mais essas anotações colhidas junto do amoroso e sábio Chico Xavier, de grande utilidade para nós.

2 - *Luiz Henrique e amigos saindo do Centro Espírita Aurélio Agostinho para a Campanha do Quilo, em Uberaba (MG).*

7

TORMENTOS VOLUNTÁRIOS

Após os estudos do capítulo V, item 23, Os Tormentos Voluntários, de *O Evangelho Segundo o Espiritismo,* de Allan Kardec, a conversa com Chico Xavier concentrava-se sobre a responsabilidade dos espíritas devido à clareza dos ensinamentos de nossa Doutrina.

Chico, grave e dócil, com a mão direita fechada batendo suavemente sobre a mesa, como se se dirigisse aos espíritas do mundo todo, falou:

– *O espírita erra consciente!*

Observando a perplexidade dos amigos pela sua maneira de falar, fez um arremate:

– *E não nos esqueçamos: a justiça funciona mesmo!*

Para melhor nos inteirarmos de nossas responsabilidades ante o nosso aperfeiçoamento espiritual, consultemos Allan Kardec em *O Livro dos Espíritos,* IDE:

909 – O homem poderia sempre vencer suas más tendências pelos seus esforços?

– Sim, e, algumas vezes, por fracos esforços. É a vontade que lhe falta. Ah! Quão poucos dentre vós fazem esforços!

8

AS CARTAS DE PAULO

A obra missionária de Francisco Cândido Xavier, além de dar uma seqüência segura à Codificação Kardequiana, é de uma riqueza impressionante quanto aos detalhes históricos da humanidade, inclusive geográficos. Nomes das personalidades, datas e lugares são citados com a mais absoluta veracidade. É incontestável. E além de tal preciosidade, o mais importante é a parte moral evangélica, no desdobramento dos ensinos do Evangelho de Nosso Senhor Jesus Cristo.

Um fato digno de ser relembrado e transcrito para o leitor amigo é a revelação de Emmanuel quanto à origem das cartas de Paulo. O Apóstolo, em Corinto, certo dia, sentindo que o trabalho avolumava-se em pedidos, precisando de sua valorosa presença, sem ter como atender os chamados carinhosos dos irmãos, no silêncio da noite, quando a igreja se encontrava deserta, em lágrimas, rogou a Jesus não lhe faltasse o amparo indispensável para a execução da sua tarefa.

"Terminada a oração, sentiu-se envolvido em branda claridade. Teve a impressão nítida de que recebia a visita do Senhor. Genuflexo, experimentando indizível comoção, ouviu uma advertência serena e carinhosa:

– Não temas – dizia a voz –, prossegue ensinando a verdade e não te cales, porque estou contigo."

O Apóstolo, emocionado pelo amoroso cuidado de Jesus, "pensou nas dificuldades para atender às várias igrejas fraternas. Tanto bastou para que a voz dulcíssima continuasse:

– Não te atormentes com as necessidades do serviço. É natural que não possas assistir pessoalmente a todos, ao mesmo tempo. Mas é possível a todos satisfazeres, simultaneamente, pelos poderes do espírito."

E a voz prosseguia com brandura:

"– Poderás resolver o problema escrevendo a todos os irmãos em meu nome; os de boa vontade saberão compreender, porque o valor da tarefa não está na presença pessoal do missionário, mas no conteúdo espiritual do seu verbo, da sua exemplificação e da sua vida. Doravante, Estêvão permanecerá mais aconchegado a ti, transmitindo-te meus pensamentos, e o trabalho de evangelização poderá ampliar-se em benefício dos sofrimentos e das necessidades do mundo."[1]

Aí está, prezado amigo, a extraordinária revelação de como e por que o Apóstolo dos Gentios escreveu suas famosas epístolas.

Ao encerrar esse nosso estudo, nos lembramos do que ouvimos de Chico Xavier:

– *Nos primeiros dias em que Emmanuel começou a sua enérgica proteção à minha insignificante mediunidade, recomendou-me: "Leia as Cartas de Paulo e não te arrependerás."*

---

[1] *Paulo e Estêvão*, 2.ª parte, cap. VII, FEB.

AINDA SOBRE AS CARTAS DE PAULO

No capítulo VII da segunda parte, As Epístolas, do extraordinário livro da FEB, *Paulo e Estêvão*, psicografado por Chico Xavier, Emmanuel, o lúcido autor espiritual do estupendo romance, transcreveu a palavra de Jesus que o Apóstolo ouviu: *"– Poderás resolver o problema escrevendo a todos os irmãos em meu nome..."*

Emmanuel narra que, quando Paulo deliberou pôr em prática o alvitre do Mestre, e recordando o que Jesus lhe prometera, associar Estêvão à divina tarefa, julgou não dever atuar por si só e chamou Timóteo e Silas para redigir a primeira de suas famosas epístolas.

Grande exemplo de impessoalização na tarefa do Senhor, valorizando o trabalho de equipe, nos dá o Apóstolo dos Gentios.

Os "verdadeiros Profetas" são assim mesmo: jamais se julgam missionários.

Finalizando o nosso raciocínio, nos lembramos de Chico Xavier que, quando enaltecido, contrafeito respondia:

"– Eu sou nada. Francisco é demais. Cisco tá bom."

E, às vezes, acrescentava:

"– Sou um cisco com "c" minúsculo."

JULGAMENTOS

Allan Kardec, preocupado com o funcionamento da justiça e dos direitos naturais, perguntou aos Espíritos Superiores em *O Livro dos Espíritos:*

875 – Como se pode definir a justiça?

– A justiça consiste no respeito aos direitos de cada um.

No sublime livro de Emmanuel, psicografado por Chico Xavier, *Paulo e Estevão,* no capítulo VII, segunda parte, o lúcido mentor espiritual narra um belíssimo caso de um juiz, cuja autoridade primava pela nobreza de um caráter humanitário e justo. O Apóstolo Paulo, aprisionado, foi levado à barra dos tribunais, presidido por Júnio Gálio, para ser julgado. Tito Justo, romano generoso, atuaria na defesa e, Sóstenes, um dos maiores da Sinagoga, na acusação. E Emmanuel narra:

O momento da acusação é assim narrado pelo autor:

"O procônsul ouvia atento, mas não deixou de manter uma atitude curiosa. Com o indicador da direita comprimia um ouvido, sem atender a estupefação geral. O maioral da Sinagoga, no entanto, desconcertava-se com aquele gesto.

Terminado o libelo tão apaixonado quanto injusto, Sóstenes interrogou o administrador da Acaia, relativamente à sua atitude, que exigia um esclarecimento, a fim de não ser tomada por desconsideração.

Gálio, porém, muito calmo, respondeu fazendo humorismo:

– Suponho não estar aqui para dar satisfação de meus atos pessoais e sim para atender aos imperativos da justiça. Mas, em obediência ao código da fraternidade humana, declaro que, a meu ver, todo administrador ou juiz em causa alheia deverá reservar um ouvido para a acusação e o outro para a defesa."

Finalizando nossas reflexões sobre justiça, nos lembramos de Jesus na praça pública ante os apressados julgadores da mulher pega em adultério a nos deixar inolvidável lição de justiça, calcada na mais profunda misericórdia, quando sentenciou:

"Atire a primeira pedra aquele que estiver isento de erros."

11

O MÉDICO DA ALMA

Como já comentamos várias vezes, o Chico, após os trabalhos normais no Centro Espírita, permanecia por longas horas conversando com o povo. Ali surgiam assuntos dos mais variados. O querido amigo naqueles momentos revelava amor e compreensão, delicadeza e sabedoria.

Numa sexta-feira, altas horas da noite do ano de 1969, presenciamos descontraída conversa do médium com um grupo de jovens simpáticos que iniciava o curso universitário na área do Direito. Eufóricos, contavam seus propósitos e ideais perguntando-lhe o que ele achava da Advocacia.

O médium amigo, ante aqueles universitários idealistas e responsáveis, respondeu:

— *Ah! Eu vejo na juventude que está chegando, espíritos de muita responsabilidade, em toda área do estudo e do trabalho, que valorizam a família.*

Observamos que os moços bebiam, ávidos, as palavras do Apóstolo. Após breve silêncio, complementou:

— *Olha, eu vou dizer para vocês, o advogado é o médico da alma.*

Notamos o contentamento daqueles estudantes, que se retiraram mais confiantes e esperançosos para o difícil curso que escolheram.

Neste mês de novembro de 2007, em conversa proveitosa com estimada irmã, quando realizávamos uma peregrinação evangélica de nossa Casa Espírita, relembrávamos esse acontecimento. A prestimosa amiga advogada gostou do que ouviu e juntos raciocinávamos sobre a bela lição do Chico.

– De fato – disse a prezada Poliana –, o Fórum é um local onde se cuida da parte moral e do sentimento da criatura.

Afirmamos:

– Então, não é o Fórum um hospital da alma?

Sorrimos e arrematamos:

– Meu Deus, que sabedoria do nosso inestimável Chico Xavier!

JESUS E PILATOS

*"O infortúnio do juiz romano foi entregar
o Senhor aos desígnios da multidão mesquinha."*
Emmanuel (*Alma e Luz,* lição 11, IDE).

Chico Xavier comentava sobre a complexidade do perdão das ofensas:

– *Jesus, após a sentença, carregou a cruz em silêncio, mas não ficou mandando flores nem carta de agradecimento a Pôncio Pilatos. Deixou o Governador da Judéia entregue a si mesmo, sob o peso da própria consciência.*

E pensar que Pilatos na sua luta com o remorso acabou, tristemente, nas raias do suicídio...

Rememorando fatos tão extraordinários da história, nos lembramos das últimas palavras de Jesus na cruz ignominiosa:

"Pai, perdoa-lhes porque não sabem o que fazem."

Naturalmente o Senhor, que é o Supremo Governador da Terra, sabia o preço altíssimo que a Humanidade pagaria por tão nefasta culpa.[1]

---

[1] No riquíssimo livro de Emmanuel: *Há 2.000 Anos...*, capítulo VII, Primeira Parte (No Grande Dia do Calvário), encontramos notícias detalhadas sobre a condenação de Jesus.

13

DIGNIDADE

Distinto amigo, conhecedor da ciência médica, versado, principalmente, na área da farmacologia, estava debilitado e com problemas de saúde. Sentia-se abatido. Procurou o Chico rogando-lhe um conselho.

Na conversa com o querido médium, ouviu dele a seguinte observação quanto à enfermidade:

– *É preciso ter dignidade para enfrentar a doença. E a morte também!*

Meditando no que o Chico disse, nos lembramos da epístola do apóstolo:

"E a oração da fé salvará o doente, e o Senhor o levantará."

(Tiago, 5:15)

3 - Chico Xavier ladeado pelas amorosas companheiras da Casa: dona Dinorah e dona Zilda.

O PERIGO DA AUTOPIEDADE

Chico Xavier foi excelente médium curador. Quando orava, o ambiente em torno dele ficava suavemente perfumado como as rosas colhidas de manhã. Inúmeras curas aconteceram através das mãos abençoadas do extraordinário médium. O conhecido orador de Ituiutaba foi um dos beneficiados. Vejamos:

Jerônimo Mendonça, conhecido orador e operoso trabalhador espírita de Ituiutaba, enfermo, paraplégico, vivia numa maca.

Em determinada ocasião, ele e os amigos achavam que o fim estava próximo. Hemorragia intensa. Por isso trouxeram Jerônimo na casa de Chico.

Mas na reunião com Chico Xavier, após o médium colocar sua mão sobre o peito de Jerônimo, a hemorragia estancou.

Chico, ao lado do saudoso irmão ituiutabano, disse:

– *Jerônimo, você tem consciência do que é que você morria?*

– Dos rins!... – respondeu imediatamente.

Então, Chico disse-lhe:

– *Jerônimo, os amigos da Espiritualidade estão dizendo que*

---

você morria do "coitadinho" que as pessoas transmitem a você. Toda vez que alguém se aproxima de você e o vê em suas condições de sofrimento, a piedade que sente o envolve em vibrações de infelicidade e você passa a ter pena de si mesmo. Por isso, Jerônimo, você não deve permitir que tenham mais dó de você. Quando alguém se aproximar, procure logo irradiar otimismo, fé, alegria...[1]

Com a ajuda do Chico, Jerônimo jamais teve dó de si mesmo e, por isso, não morreu do "coitadinho". Contagiava a todos que dele se aproximavam com sua vibrante alegria.

Jerônimo só veio a desencarnar no final do ano de 1989, muitos anos depois daquele episódio.

---

[1] *Um Minuto com Chico Xavier,* José Antônio Vieira de Paula, DIDIER.

15

PODERES MÁGICOS

Em uma noite memorável, estávamos em companhia de Chico Xavier e observávamos a sua postura: cândido como o próprio nome. Sua presença irradiava um clima de paz e harmonia.

Em torno dele conversavam-se assuntos dos mais elevados. Mas, baixando um pouco o nível das conversas, vieram à baila perguntas sobre sorte, azar, talismãs, malfeitos, etc.

Um jornalista aproxima-se e, irônico, pergunta ao Chico:

– O gato preto dá azar?

O médium franziu a testa e, como se se dirigisse a uma criança travessa, respondeu:

– *Dá, para o rato.*

Sorrimos e achamos graça, mas o repórter ficou tão desconsertado, como se aquela resposta fosse de uma mãe ralhando com as travessuras de uma criança. Afastou-se para um canto da sala e ficou a observar de longe.

Ao fazer mais estas anotações, concluímos com Kardec na

resposta que lhe deram os Espíritos sábios e benevolentes sobre poderes mágicos:

"... mas não acrediteis nesse pretendido poder mágico que não existe, senão na imaginação de pessoas supersticiosas, ignorantes das verdadeiras Leis da Natureza."[1]

[1] *O Livro dos Espíritos*, questão 522.

16

CONFUSÃO MUNDIAL

Uma mulher, preocupada com a confusão dos últimos tempos, afligia-se com medo do fim do mundo. Indaga ao Chico como enfrentar esses momentos de perturbação. Recebeu a seguinte resposta de Emmanuel, que estava presente:

— *Se destruírem isso aqui, naturalmente Deus nos dará outro planeta, tão belo e maravilhoso como o nosso, para morarmos.*

Sorrindo, aquela mulher retirou-se mais confiante.

A tranqüilidade do Chico diante das mais complicadas situações dava serenidade àqueles que o procuravam.

Em uma entrevista, o querido amigo dos bons Espíritos esclarece:

— *Façamos harmonia em nós mesmos e a perturbação exterior será reconhecida por nós à categoria de oportunidade valiosa de serviço aos nossos semelhantes.*[1]

---

[1] *Entender Conversando*, questão 69, IDE.

E para melhor ainda nos inteirarmos do destino da nossa casa planetária recorramos à sábia assertiva de Emmanuel:

"Não te aflijas sobre a destinação do mundo. A Eterna Sabedoria conhece o que deve ocorrer à vida planetária."[1]

---

[1] *Sinais de Rumo*, Francisco C. Xavier, Espíritos Diversos, GEEM.

A MANUTENÇÃO DO PLANETA

A dedicada benfeitora espiritual Maria Dolores escreveu pelo Chico comparando o nosso Planeta como sendo um hotel cinco estrelas. Sendo assim, os habitantes do orbe terráqueo são os responsáveis pela manutenção deste hotel planetário.

Mas o homem não está poluindo a Natureza, a atmosfera terrestre?

O que poderá acontecer com o Mundo? Toneladas de gás carbônico e outros elementos nocivos a todos os instantes são jogados no ar, afetando a camada de ozônio. E daí?

No extraordinário livro de Emmanuel, *Há 2.000 Anos...*, o próprio Senhor vaticina:

" – ... exausto de receber os fluidos venenosos da ignomínia e da iniqüidade de seus habitantes, o próprio Planeta protestará contra a impenitência dos homens, rasgando as entranhas em dolorosos cataclismos..."[1]

---

[1] Segunda parte, cap. VI, página 395, 417ª edição, FEB.

Concluindo, afirmamos:

– Jesus já não nos disse: "Daí não saireis enquanto não pagardes o último ceitil"?

Portanto, caberá ao homem a reconstrução dos danos causados pela sua irresponsabilidade para com a sua casa cósmica.[1]

---

[1] Sugerimos ao caro leitor consultar o livro *Justiça Divina*, cap. 53, Ante os Mundos Superiores, FEB, no qual Emmanuel afirma que, também, a Terra será um Mundo Superior.

VIDA EM OUTROS MUNDOS

A conversa girava em torno de vida em outros mundos e era perguntado ao Chico como ele via o assunto. Um repórter indagava ao médium se realmente há seres humanos em outros planetas. O Chico explicava:

– *Se olharmos em uma gota d'água no microscópio veremos múltiplas vidas. Ali, vidas primárias. Creio mesmo que os mundos são aquelas moradas na Casa do Pai, no dizer de Jesus.*

Allan Kardec indagava aos Espíritos sublimes da Codificação em *O Livro dos Espíritos:*

172 – Nossas diferentes existências corporais se passam todas sobre a Terra?

– Não, não todas, mas nos diferentes mundos; a que passamos neste globo não é a primeira, nem a última e é uma das mais materiais e das mais distanciadas da perfeição.

Sugerimos ao caro leitor recorrer às outras quinze perguntas sobre o assunto formuladas por Kardec.

E Chico Xavier ainda nos diz:

Valiosos ensinamentos com CHICO XAVIER   49

– Acreditamos sinceramente na existência de outras Humanidades em outros Planos do Universo, com expressões de vida semelhantes e de vida diferente da nossa.[1]

[1] *A Terra e o Semeador*, questão 145, IDE.

19

PÉROLAS AOS PORCOS

O Chico periodicamente visitava uma livraria onde se vendiam livros usados, um sebo. Propriedade de um amigo, um jovem espírita.

O inesquecível médium sempre comprava a revista *Seleções*. Naquela livraria vendiam-se revistas pornográficas e, o dono, espírita convicto, ficava com a consciência pesada e dizia-nos:

– Vou perguntar ao Chico se devo ou não vender essas revistas.

E assim o fez, recebendo a seguinte observação:

– *Jesus nos recomendou não atirarmos pérolas aos porcos. Mas também não disse para darmos lavagem. Pode ser uma ração, não é?*

Lembrou da inconveniência das figuras, ainda mais com a riqueza das novas tecnologias gráficas. Afirmou que o sexo desequilibrado gera loucura e insanidade mental por longo tempo, quase sempre perdurando por várias encarnações.

O caro irmão, proprietário do estabelecimento, optou em não mais comercializar tais revistas dizendo que não queria colaborar com as loucuras do chamado "mundo moderno".

O PSICOSCÓPIO

Encontrávamo-nos junto a Chico Xavier quando um grupo de confrades preocupados com as distorções doutrinárias que existem no movimento, falavam dos livros supostamente espíritas que contradizem as obras de Kardec e o Evangelho de Jesus.

– Existem inúmeras obras apócrifas.

Reclamavam outros:

– O personalismo grassa no meio espírita.

– Até onde isso vai?

– Há uma enxurrada de erva daninha na literatura de nossa Doutrina, você não acha?

O médium missionário, tranqüilo, esclareceu:

– *Não nos preocupemos. O que vai ficar mesmo é a verdade.*

Ao ouvirmos tudo aquilo, nos lembramos de André Luiz, autor do livro *Nos Domínios da Mediunidade,* onde no cap. 2, O Psicoscópio, ele descreve um pequeno aparelho eletrônico que os benfeitores espirituais utilizam para detectar as possibilidades mediúnicas.

Vejamos a explicação do mentor no extraordinário livro psicografado por Chico Xavier:

– "Em nosso esforço de supervisão, podemos classificar sem dificuldade as perspectivas desse ou daquele agrupamento de serviços psíquicos que aparecem no mundo. Analisando a psicoscopia de uma personalidade ou de uma equipe de trabalhadores, é possível anotar-lhes as possibilidades e categorizar-lhes a situação. Segundo as radiações que projetam, planejamos a obra que podem realizar no tempo."

Assim sendo, quando tivermos a permissão de ter tão útil aparelho aqui no Plano Físico, conhecer-se-ão as qualidades e possibilidades dos grupos e dos indivíduos.

Não será o nosso atual "Detector de mentiras" o prenúncio do psicoscópio aqui na Terra?

Aguardemos!

A seguir apresentamos um estudo, em resumo, do capítulo dois do referido livro de André Luiz.

21

ESTUDO DO PSICOSCÓPIO

ESTUDO[1] –
"NOS DOMÍNIOS DA MEDIUNIDADE" – CAP. 2

I – MELHOR DISPOSIÇÃO DE:

FATOR QUALIDADE
- * "Reduzido grupo"
- * Médiuns → a) faculdade regularmente desenvolvida;
  b) lastro moral respeitável.

- Serviço = ideal cristianizante
- Grupo base = possível alongar apontamentos, coletar anotações

II – ESPECIALIZAR CONHECIMENTOS EM TORNO DA MEDIUNIDADE

* Na Terra = complexo
* No Círculo Espiritual = muito menos complexo

---

[1] Estudo realizado pelo autor, em junho de 1967, na Casa Espírita "Adelino de Carvalho", Uberaba, MG.

III – O PSICOSCÓPIO

* Facilita exames e estudos ➜ sem o impositivo de acurada concentração mental;
* Enigmático volume;
* Minúsculo objeto (alguns gramas);
* Auscultação da alma ➜ com poder de definir-lhes as vibrações;
* Efetua diversas observações em torno da matéria;
* Funciona à base de eletricidade e magnetismo, utilizando-se de elementos radiantes, análogos aos raios gama;
* É constituído por óculos de estudo, com recursos disponíveis para a microfotografia;
* No futuro estará na Terra. (*O Livro dos Espíritos* – perg. 933)

IV – ANÁLISE DE PSICOSCOPIA (FICHA PSICOSCÓPICA)

a. Classificam-se sem dificuldade as perspectivas desse ou daquele agrupamento de serviço psíquico;

b. De uma personalidade ou de uma equipe de trabalhadores { Anota = possibilidades; Categoriza situação.

c. Segundo as radiações que projetam ➜ planeja-se a obra que podem realizar no tempo.

d. Identificam-se os valores da individualidade humana ➜ pelos raios que emite.

e. * Moralidade
   * Sentimento
   * Educação
   * Caráter
} São claramente perceptíveis ↓ através de ligeira inspecção

V – NA PRÁTICA

No grupo de cooperadores do Bem ➜ Presença de elementos arraigados ao mal

---

* Haverá expulsão? (Não será preciso!) → Maioria no bem = a minoria distancia-se do conjunto

↓

(ausência de afinidade)

VI – IMPORTÂNCIA DO PSICOSCÓPIO NO MUNDO

* Retratar a vida interior dos seus membros → isso economizaria grandes cotas de tempo na solução de inúmeros problemas psicológicos;
* O futuro reserva prodígios ao homem comum.

4 - *Chico Xavier acompanhado da sensitiva e parapsicóloga russa, Bárbara Ivanova.*

22

EXPERIÊNCIA DIFÍCIL

Na década de 60, um companheiro atuante nas tarefas da Doutrina Espírita sentindo-se sem rumo diante de difícil situação junto aos seus familiares, procurou Chico Xavier pedindo-lhe conselho quanto à decisão que deveria tomar para apaziguar seu coração.

Contou ao querido médium que o pai afastara-se de casa e só após mais de vinte anos reapareceu, enfermo e necessitando de tratamento médico. Feliz pelo reencontro com o genitor, acolheu-o em seu próprio lar com aquiescência da sua bondosa esposa. Mas, para sua surpresa, não teve a aprovação dos familiares nem de sua própria mãe. Tal situação o magoou bastante porque jamais se desentendera com os seus estimados parentes e amigos.

Após ouvi-lo com extremado interesse, o inolvidável benfeitor falou:

– *Não perca nunca as bênçãos de sua mãezinha. Se fosse eu em seu lugar, me ajoelharia a seus pés e pediria não deixar de me abençoar. Mas, também diria: – Minha mãe, deixe-me amparar meu pai!*

O Chico, demonstrando compreensão paternal junto àquele

---

filho aflito, expressava em suas palavras amorosas vibrações do mais puro sentimento de amor, parecendo envolto em suave luz. Após breve silêncio, complementou:

– *Meu filho, seu pai sofreu mais do que sua mãe, você e eu. Ele, nesse tempo todo de ausência, peregrinou pelo mato junto aos bichos, dormiu ao relento. Você nem imagina as angústias por que passou. Confie em Jesus. Nós vamos vencer!*

Aquele filho, emocionado, não conseguindo reter as lágrimas, agradeceu beijando-lhe a face e a mão, recebendo dele o mesmo gesto. Pleno de alegria, retirou-se renovado.

Em conversa conosco, disse-nos que estava pronto para enfrentar a difícil situação e em condições de amparar seu pai, sem se incompatibilizar com ninguém.

Transcorreram-se alguns anos de alegrias, lutas e renúncias e o genitor veio a desencarnar. Para sua felicidade, todos os familiares se fizeram presentes em sua casa nas exéquias do pai para uma prece de despedida.

Graças à intervenção do Chico, aquela família uniu-se mais ainda pelos laços do respeito recíproco.

Quando o amigo, muito feliz, contou a Chico Xavier o que havia acontecido, ele, beijando-lhe a face, sussurrou:

– *Meu filho, nós vencemos!*

23

MOMENTOS DE APRENDIZADO

Um irmão, adepto da Umbanda, pediu ao Chico Xavier que falasse algo sobre a sua seita.

O estimado médium, endereçando-lhe afetuoso olhar, comentou:

— *A Umbanda tem suas raízes no período da escravatura. Os cativos, oriundos da África, ligavam-se espiritualmente, por ódio ou simpatia, com seus senhores e familiares, mesmo após a morte do corpo. Dessa ligação surgiu, através das práticas mediúnicas dos africanos, a Umbanda.*

O benfeitor amigo, observando o interesse geral pelo que explicava, complementou:

— *Por uns oito séculos a Umbanda caminhará ao nosso lado.*

Raciocinando no que disse o Chico, concluímos que os Espíritos, denominados "pretos-velhos", são aqueles escravos, simples e obedientes, que atendem com bondade ao chamado dos antigos afetos de seus corações.

Para melhor nos inteirarmos sobre a realidade dos fatos, recorramos ao benfeitor da vida maior, Irmão X, a nos informar:

"– Supõe você que a Abolição terminou em 13 de maio de 1888? A grande resolução da Princesa Admirável atingiu os 'escravos físicos', continuando-se aqui o serviço de libertação dos 'cativos espirituais'."

"... Pai Mateus, Mãe Ambrósia e outros nos dão lições de humildade, devotamento e renúncia..."[1]

---

[1] *Lázaro Redivivo,* Francisco C. Xavier, cap. 34, FEB.

RIGORISMO

Pessoas de todos os segmentos religiosos procuravam Chico Xavier. Confiavam ao médium todo tipo de problema ou conversavam sobre assuntos dos mais variados e transcendentais.

Conhecemos um caso digno de ser comentado, pois encerra valioso ensinamento.

Um padre católico, muito dedicado à sua religião e com vida exemplar, portador de dons psíquicos, interessava-se pelos princípios espíritas, dizendo encontrar nas obras de Kardec, a explicação clara do Evangelho de Jesus. O religioso prestava assistência aos sofredores que recorriam aos seus préstimos tanto na Igreja quanto nos lares e nos hospitais. Nas missas, seus sermões eram inspirados, trazendo consolo e paz.

Alguns confrades diziam ser ele um padre espírita.

Tomado de certo rigor eu achava que aquele padre, para se tornar espírita, deveria tirar a batina. Precipitadamente o julgava sem coragem de libertar-se dos rituais e cultos exteriores. Tinha de dar o testemunho. Como exemplo, citava Paulo, que abandonou o judaísmo.

Mas, ponderado e prudente, um confrade amigo advertiu-me:

– Não, Cezar, não é o que você pensa. Cuidado com os julgamentos. Sabe que o distinto sacerdote procurou o Chico, dizendo-lhe que iria largar a batina e afastar-se da Igreja Católica?

– E o que o Chico disse a ele?! – perguntei.

– Ah! O Chico, com muita atenção, o fez ver sua importância junto aos seus fiéis, no lugar em que Deus o colocou. Dizendo-lhe, ainda, dos benefícios da Igreja para uma multidão de pessoas que precisam tanto dela.

Valeu para mim mais esse precioso ensinamento, entendendo melhor as palavras de Jesus a nos alertar:

"Aqueles que dizem: Senhor! Senhor! Não entrarão todos no Reino dos Céus..."

(*Mateus,* VII: 21 a 23)

5 - *Chico Xavier no Grupo Espírita da Prece, época em que prestava assistência aos que procuravam, às sextas-feiras, à tarde.*

25

ESPIRITISMO –
O CONSOLADOR PROMETIDO

Em 1964, Ubaldi enviou mensagem ao II Congresso Panamericano Espírita (Buenos Aires, 5 a 12 de outubro), destacando "falhas existentes no Espiritismo" e propondo adoção de suas obras para saná-las.

O plenário repeliu a proposta, felizmente, e, longos artigos de Herculano Pires, Edgard Armond e Humberto Mariotti vieram a lume na imprensa espírita contestando o professor Pietro Ubaldi.[1]

Após a desencarnação do ilustre italiano, passado determinado tempo, foi perguntado ao Chico se ele já havia recebido mensagem de Ubaldi:

– *Não!... Ele é um gênio. Eu não recebo gênio.*

– Como ele se encontra? – perguntamos.

– *Eu não sei. Quando esteve lá em Pedro Leopoldo, durante a psicografia, eu ouvia o Santo ("Sua Voz"), dizer: Pietro, volte. Volte, Pietro!...*

---

[1] *Sala de Visitas de Chico Xavier*, Eduardo Carvalho Monteiro, p. 113, EME.

– Mas, por quê?

– *Ah! Ele não devia ter mudado para o Brasil. O seu lugar era lá na Itália. Aqui ele ficou só entre os espíritas de cúpula...*[1]

Meu Deus, como Chico Xavier adentrava os mais complexos assuntos atinentes à grande obra da Doutrina Espírita, codificada por Allan Kardec para a restauração do puro Cristianismo, implantado por Nosso Senhor Jesus Cristo.

6 - *Chico Xavier em conversa amiga com Dr. Jarbas Varanda, dedicado jurista e escritor espírita da cidade de Uberaba (MG).*

---

[1] Em fazendo estas anotações, achamos mesmo, que o próprio professor italiano, após a sua chegada no mundo espiritual reconsiderou o seu engano, cientificando-se sobre a grandeza da obra edificada por Allan Kardec, que é a Doutrina Espírita.

AS DORES DO CHICO

Nos últimos tempos de vida de Chico Xavier, muito nos admirávamos diante de tanta resignação que o grande amigo dava testemunho pelas dores causadas por sua enfermidade e pela sua idade avançada na experiência física.

Ilustrando bem o fato, nos lembramos das anotações feitas pelo estimado irmão Baccelli:

"O Chico, em se referindo às suas dores, contou-nos:

– *As minhas dores no tratamento em que me encontro estavam no auge. Qual sempre acontece, recorri à prece e, em seguida, abri a Bíblia que estava ao meu lado. Caíram sob os meus olhos e sobre o meu raciocínio as palavras do mensageiro: "Deus manda açoitar os filhos aos quais Ele quer bem". Compreendi que pelas minhas dívidas imensas eu seja açoitado."*[1]

---

[1] *Chico e Emmanuel*, Carlos Baccelli, DIDIER.

7 - Expressiva foto do Chico que fala por si mesma.

27

O COMPROMISSO DE
CHICO XAVIER COM OS LIVROS

E Chico Xavier contava:

– *Após os primeiros contatos com Emmanuel, cientifiquei-me sobre o compromisso meu com ele na formação dos livros espíritas. Seriam uns vinte, afirmou-me.*

Quando esse número foi atingido, orei agradecendo a Jesus e a Emmanuel pela dádiva do trabalho. Pedi perdão pela minha insuficiência. Emmanuel se fez visível para mim dizendo: "Olha, Chico, está bom, nós conseguimos, agora vamos chegar até os trinta." Apesar da surpresa, empreendemos o trabalho.

Ao completar os trinta exemplares, muito feliz novamente achando que a tarefa terminara, Emmanuel apareceu e disse: "Estou satisfeito com a sua colaboração".

O Senhor acha, então, que o compromisso está concluído?

"Ainda não", respondeu. "Necessário se faz que atinjamos os quarenta ou, se possível, até os sessenta, vamos ver se consegue?"

Assustei-me, mas o que fazer?

E não é que apesar dos meus poucos recursos, os benfeitores espirituais conseguiram atingir a marca de sessenta livros pela minha insignificante mediunidade?

Fiquei feliz por colaborar com os bons espíritos. Orei, novamente, agradeci ao Cristo. Pedi perdão pelas minhas falhas e falei a Emmanuel:

Graças a Deus, finalmente, concluí o meu compromisso, não é? Agora estou livre e sem compromisso. O que o senhor me diz?

E ele, muito sério, olhou-me e, austero, respondeu:

"Chico, acontece que teve uma reunião, lá em cima, sobre o seu compromisso com a Doutrina Espírita e o Evangelho de Jesus. Lá ficou deliberado o seguinte: Você foi declarado como terra de utilidade pública".

Como assim, o que significa isso? Perguntei.

"Que agora não manda mais em você. Daqui pra frente fará o que nós quisermos. Residirá onde determinarmos. Aproximará e conviverá com você quem permitirmos. Entendeu?"

E seu eu não quiser? Disse-lhe.

"Meu filho, a sua própria vida está sob determinações Altíssimas. Você é quem sabe." Concluiu severamente o guia espiritual.

O jeito foi entregar-me de corpo e alma à nossa abençoada Doutrina. A partir daquele dia coloquei minha vida nas mãos de Nosso Senhor Jesus Cristo.

Chico Xavier falava com humor sadio, provocando risos e alegria contagiantes quando comentava sobre sua singular história quanto ao compromisso com Emmanuel de deixarem para a humanidade algumas centenas de livros espíritas cristãos, que revivem os sagrados ensinamentos do Cristianismo Primitivo, num desdobramento fiel à Codificação Kardequiana.

28

A PRIMEIRA LIVRARIA ESPÍRITA

Em 1967, Chico Xavier atendia a um grupo de amigos espíritas e era incentivado pelo querido médium a fundarem uma Livraria Espírita em sua cidade, lembrando-lhes do esforço de Kardec e esposa quando iniciaram esse trabalho. E o Chico contou:

– *Allan Kardec programara a inauguração da primeira Livraria Espírita para o dia 1.º de abril de 1869, em Paris. Alguns dias antes daquela data, ele sentiu-se mal, com problemas circulatórios, por isso pediu à esposa, Amélie Gabrielle Boudet, caso ele desencarnasse, que ela não deixasse de inaugurar a livraria. A esposa dedicada pedia-lhe adiar a inauguração. Não, seria impossível o adiamento, explicou Kardec. Já haviam expedido inúmeros convites sobre o importante evento. Naquele tempo não havia as facilidades de hoje, a correspondência demorava bastante. Por isso dizia: "Deixe de velar o meu corpo, vá e faça a inauguração da livraria que é o mais importante."* E o previsto *aconteceu* – explicou o Chico – *os augúrios de Kardec se confirmaram e ele veio a desencarnar com o rompimento de um aneurisma na aorta, no dia 30 de março de 1869. Madame Rivail atendeu ao pedido do esposo. No dia 1.º de abril, junto a*

---

representantes de várias cidades da França e de outros países, foi inaugurada a primeira Livraria Espírita na Terra.

Ao ouvirmos essa história, ficamos a pensar: E não é que aquela missionária, Amélie Boudet, obedeceu à recomendação de Jesus, narrada pelo Apóstolo Lucas:

"Deixai aos mortos o cuidado de enterrar seus mortos..."

(*Lucas*, IX – 59 e 60)

LIVROS

Realizávamos mais uma Feira do Livro Espírita e, para alegria geral, recebíamos a visita de Chico Xavier.

O Chico, observando a seção destinada aos romances, fez a seguinte observação quanto àqueles livros:

– *É, tem muito drama e trama, mas não tendo Evangelho, não tem Jesus.*

Realmente, há uma quantidade enorme de romances ditos espíritas, mas carecem das lições do Evangelho. Seus autores esquecem que o Espiritismo é aquele Consolador, é a Verdade.

Livros de ficção e literatura o mundo tem muitos.

E o Chico disse ainda:

– *O médium espírita para receber romance deve ficar confinado.*

Ao ouvi-lo, ficamos meditando na importância da vigilância que os médiuns e outros escritores devem ter.

Emmanuel, em 9 de novembro de 1949, escreveu pelo Chico:

"Um bom livro é sempre uma sementeira de renovação salutar na Terra..."

(Deus Conosco, p. 477, Ed. Vinha de Luz.)

8 - Chico Xavier prestigiando uma das Feiras do Livro Espírita, em Uberaba (MG).

PSICOGRAFIA EM BRAILE!?

Chico Xavier, quando se referia ao Instituto de Cegos do Brasil Central, de Uberaba, o fazia com respeito e admiração pela causa tão nobre daquela utilíssima Instituição.

Um fato extraordinário ocorreu com o médium Chico Xavier em março de 1937: recebeu uma mensagem em braile, assinada pelo Espírito da pioneira deste sistema de escrita para cegos, Engrácia Ferreira[1]. Vejamos:

"Minha boa Julinha*, a paz de Deus, Nosso Pai, seja em teu generoso coração, sempre tão cheio de fé. Trabalhemos pelos cegos, minha filha, pensando que a cegueira do espírito é bem mais triste que a dos olhos. Hei de ajudar-te com o favor de Deus. A tia, Engrácia."[2]

---

[1] *Militares no Além*, página 28, Editora Vinha de Luz.

[2] O médium, por não conhecer o alfabeto do sistema de escrita em relevo braile, levou duas horas para receber a comunicação psicográfica.

* D. Julia de Amorim transcreveu para esse alfabeto inúmeras obras espíritas e outras, inclusive o *Dicionário da Língua Portuguesa,* de autoria de Hildebrando Lima e Gustavo Barroso (64 volumes).

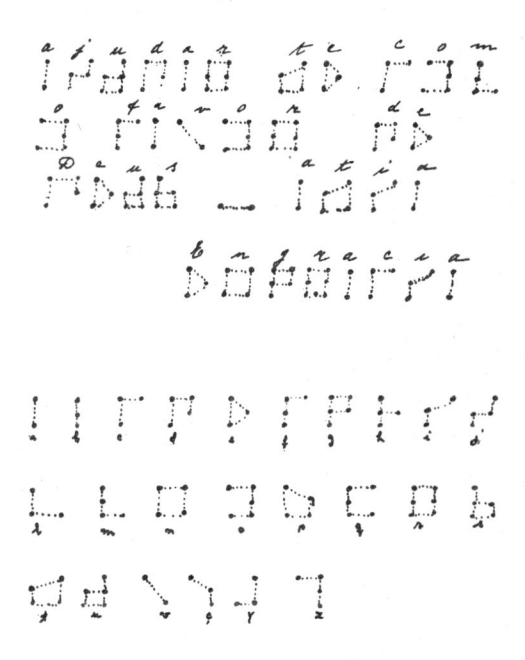

9 - *Mensagem de D. Engrácia Ferreira, psicografada pelo médium Francisco Cândido Xavier, na própria grafia do alfabeto para cego. O Espírito de D. Engrácia, no final, escreveu o abecedário braile para permitir a tradução de sua mensagem, pois, tanto o médium, como D. Júlia o desconheciam. Assim, foi possível a "tradução" para o português, como aparece no texto. (Gentileza de* Reformador, *junho/1938.)* (*Do* Anuário Espírita 1979, *p. 200.*)

10 - *Chico Xavier ladeado por amigos, entre eles*
Carlos Antônio Borges e seu filho Wilson Adriano, atuais diretores
do Instituto de Cegos do Brasil Central, de Uberaba.

31

ICBC – UMA VENERÁVEL INSTITUIÇÃO*

O Instituto de Cegos do Brasil Central, desde a sua fundação, em 1942, vem realizando relevantes serviços de auxílio, tanto às pessoas portadoras de baixa visão, quanto àquelas totalmente desprovidas deste sentido físico.

É uma Entidade nobre que vem, ao longo dos anos, cumprindo com indiscutível mérito a sua destinação.

Os que ali ingressam e são assistidos recebem, gratuitamente, apoio total em suas múltiplas necessidades, quais sejam: alfabetização, aprendizado profissional, cursos técnicos, assistência moral e material, sempre objetivando a formação do cidadão em sua integralidade.

A sua administração é dificílima, requerendo dos seus responsáveis denodado amor, capacidade, dedicação, coragem e desprendimento.

Conhecemos de perto e de longa data os responsáveis pela administração da abençoada Casa de assistência. Sempre observa-

---

* Incluímos este artigo publicado em jornais de Uberaba motivados por profundo respeito e gratidão a esta venerável instituição.

mos que todos os amigos, diretores e colaboradores da benemérita Instituição merecem o nosso maior respeito pela incorruptibilidade do caráter de que são portadores.

Uberaba deve rejubilar-se por possuir uma Entidade filantrópica e educacional do porte do ICBC. O Instituto é referência nacional pelos métodos pedagógicos modernos que adota e pela assistência integral que presta aos seus assistidos.

Sinto-me honrado por fazer parte do quadro de associados desta venerável Casa.

Rogo a Deus, Nosso Pai de Infinito Amor, que cubra de bênçãos o nosso iluminado Instituto de Cegos do Brasil Central.

11 - Chico Xavier com os amigos Carlos, Eunice, Wilson Adriano e outros.

AJUDA MATERIAL

– *O meu emprego na Fazenda Modelo foram os Espíritos que arrumaram para mim.*

Assim falou o Chico quando foi interpelado quanto a pedir aos Espíritos ajuda material.

Ouvindo aquilo, nos lembramos de Kardec, que em sua vida passou por sérias dificuldades financeiras. Certa feita, seus elevados protetores espirituais lhe disseram:

– "Não te ajudar materialmente seria não te amar".

Vejamos, ainda, a orientação em *O Livro dos Espíritos* sobre esse interessante e útil assunto:

533 – Os Espíritos podem fazer obter os dons da fortuna, desde que solicitados para esse efeito?

– Algumas vezes, como prova, mas, freqüentemente, eles recusam, como se recusa a uma criança, que faz um pedido inconsiderado.

– São os bons ou os maus Espíritos que concedem esses favores?

– Uns e outros; isso depende da intenção. Mais freqüentemente, são os Espíritos que querem vos arrastar ao mal e que encontram um meio fácil nos prazeres que a fortuna proporciona.

E não é que Jesus já nos recomendou:

"– Não podeis servir, ao mesmo tempo, a Deus e a Mamon."

(*Mateus,* cap. XIX, v. 16 a 24)

33

O PROGRESSO DA CRENÇA ESPÍRITA

É notório o reconhecimento público à Doutrina Espírita. Foram outorgados, por todo o Brasil, mais de vinte títulos de cidadania ao Chico.

No ano de 1972, no mês de março, Chico Xavier recebeu o título de Cidadão de São Caetano do Sul, São Paulo.

Fazendo essas anotações, nos lembramos de Allan Kardec em seu discurso, em Lion, em 1862,[1] quando fala sobre o progresso da crença espírita:

"Quando de nossa primeira viagem a Lyon, em 1860, existiam ali, por alto, algumas centenas de adeptos. No ano seguinte alcançavam a casa de cinco ou seis mil. Este ano o cálculo tornou-se impossível. Pode-se, entretanto, avaliá-lo entre vinte e cinco a trinta mil. No espaço de um ano esse número foi duplicado. Este é um fato constante que ninguém pode contestar".[2]

Mas, por força das coisas e, como previram os Espíritos para Kardec, o Espiritismo caminhará até atingir toda a Humanidade.

---

[1] *Viagem Espírita em 1862*, O Clarim.

[2] Milhares de espíritas franceses reencarnaram no Brasil, disse-nos Chico Xavier.

Voltemos ao assunto do início: dias antes da solenidade, nos encontramos com o Chico. Após os cumprimentos fraternos, com alegria, disse-lhe:

– Que bom, no final de semana você receberá o título de Cidadão em São Caetano, não é?

Surpreso observei que o estimado amigo ficou contrariado e, grave, respondeu:

– *Mas eu não! Por que tinha que ser eu? Deveria ser a nossa Federação Espírita Brasileira, a União Espírita Mineira, o nosso Deolindo Amorim, o nosso Divaldo".*

Ingênuo, indaguei:

– Você não sabia que isto estava na programação do seu trabalho na Doutrina?

– *Se soubesse, teria caído fora* – respondeu enérgico.

Fiquei aturdido pelo que ouvi. Ele, olhando bem nos meus olhos, encerrou o assunto advertindo-me:

– *Olha, não tem Chico Xavier nisso não. Tem é Doutrina Espírita.*

Retirei-me fazendo minhas conclusões:

– Se Kardec abriu o caminho para a instalação do Consolador na Terra, colocando os ensinamentos dos Espíritos em sólido alicerce, não terá o Chico feito a complementação da Grande Obra?

12 - Chico Xavier e o autor em uma das memoráveis reuniões...

34

PROFESSOR DE ESPIRITISMO

O Chico contava que, lá pelos idos de 1940, foi levado pelo seu guia a uma reunião no espaço para estudar Espiritismo.

Disse o Chico:

– Ultimamente, estou freqüentando, fora do corpo físico, uma noite por semana, uma escola do espaço em que nosso abnegado Emmanuel é professor de Doutrina Espírita. Confesso que é uma experiência maravilhosa. Estou aprendendo o que nunca pensei em aprender e tenho conservado a lembrança do que vejo, com o auxílio dos Amigos do Alto. [1]

Quando ouvimos esse fato, comentamos:

– Que aluno, hein?!

E um outro disse:

– Será mesmo que Chico era aluno naquelas aulas?

Sabemos, com o ensinamento da Doutrina Espírita, que o sono é uma hipnose natural. Quando o corpo adormece, o Espíri-

---

[1] *Testemunhos de Chico Xavier,* Suely Caldas Schubert, FEB.

to, semiliberto, ingressa no mundo espiritual, ou seja, em outra dimensão da vida.

Para onde vai o espírito quando o corpo dorme? André Luiz nos explica:

"Desdobrando-se no sono vulgar, a criatura segue o rumo da própria concentração, procurando, automaticamente, fora do corpo de carne, os objetivos que se casam com os seus interesses evidentes ou escusos."[1]

[1] *Mecanismos da Mediunidade,* André Luiz, psicografia Francisco Cândido Xavier e Waldo Vieira, cap. 21, FEB.

35

JESUS JUNTO AO POVO

– *Nosso Senhor Jesus Cristo sempre se reunia junto ao povo em plena natureza. Prestava assistência moral e espiritual. Realizava curas a sofredores de toda espécie. Multiplicava pães e peixes incumbindo os discípulos da distribuição à multidão faminta. E foi ali, naquele ambiente natural, que deixou para a Humanidade a mais bela peça contida no seu Evangelho de Amor e Sabedoria: o Sermão da Montanha.*

Assim explicava Francisco Cândido Xavier em uma tarde no Culto do Evangelho, na Vila dos Pássaros, onde se aglomeravam milhares de pessoas das mais desprotegidas pela sociedade.

E o Chico esclarecia:

– *É preciso reunir em nome de Jesus com esses irmãos, pois ninguém se lembra deles. Lá na cidade todo mundo se reúne, até os espíritas. Mas com esse povo, não. Esquecem da importância de procurá-los.*

Ao ouvi-lo, lembramo-nos dos "Filhos do Calvário", expressão dita pelo próprio Senhor Jesus.

Rememorando a fala do Chico, no livro *Boa Nova*, cap. 11

(FEB), quando Humberto de Campos descreve a turba imensa que ouviu Jesus pregar as bem-aventuranças:

"Eram velhinhos trêmulos, lavradores simples e generosos, mulheres do povo agarradas aos filhinhos. Entre os mais fortes e sadios viam-se cegos e crianças doentes, homens maltrapilhos, exibindo as verminas que lhes corroíam as mãos e os pés." [1]

Dois trabalhos que Chico Xavier fazia questão de divulgar e incentivar a criação: o Culto do Evangelho ao ar livre (Semelhante às reuniões públicas à sombra do abacateiro e, posteriormente, na mesma Vila dos Pássaros, mas sob uma pequena cobertura, conforme mostram as fotografias.) e a Peregrinação.

---

[1] Sugerimos ao caro leitor consultar o Capítulo VII da Primeira Parte do livro *Há 2.000 Anos...*, Emmanuel, Francisco Cândido Xavier, FEB.

13 - *Chico Xavier no Culto do Evangelho ao ar livre,
na Vila dos Pássaros, Uberaba (MG).*

14 - *Sr. Weaker (à esquerda) e Chico Xavier lendo uma página de*
O Evangelho Segundo o Espiritismo, *Uberaba (MG).*

SUGESTÕES PARA A REALIZAÇÃO DO CULTO DO EVANGELHO DE JESUS NO LAR, NO TRABALHO DE PEREGRINAÇÃO PELA PERIFERIA[1]

1. Caminhar pela rua, tendo o cuidado de não atrapalhar o trânsito;

2. Ao entrar na casa, cumprimentar com alegria aqueles que nos recebem com cordialidade;

3. Pedir aos irmãos visitados para abrir o livro a ser lido;

4. Sempre revezar aquele que lê;

5. Ao término da leitura, fazer um comentário breve (1 a 2 minutos), dando oportunidade para mais 3 ou 4 comentarem pelo mesmo tempo;

6. Incentivar a participação também dos moradores da casa que nos recebem com tanto carinho;

---

[1] Sugerimos ao leitor amigo consultar a expressiva lição: "O trabalho de peregrinação visto do Plano Espiritual", de Adelino de Carvalho, do livro *Valores sem Preço*, psicografado por Celso de Almeida Afonso, ELCEAA.

---

7. Jamais adotar normas de conduta para aqueles que nos recebem em seus lares;

8. Nunca nos sentirmos como benfeitores ou caridosos. Somos os mais beneficiados;

9. Lembrar sempre que, na verdade, o bem promana de Deus, nosso Pai e Criador;

10. Durante todo o percurso, procurar manter uma conversação de natureza superior.

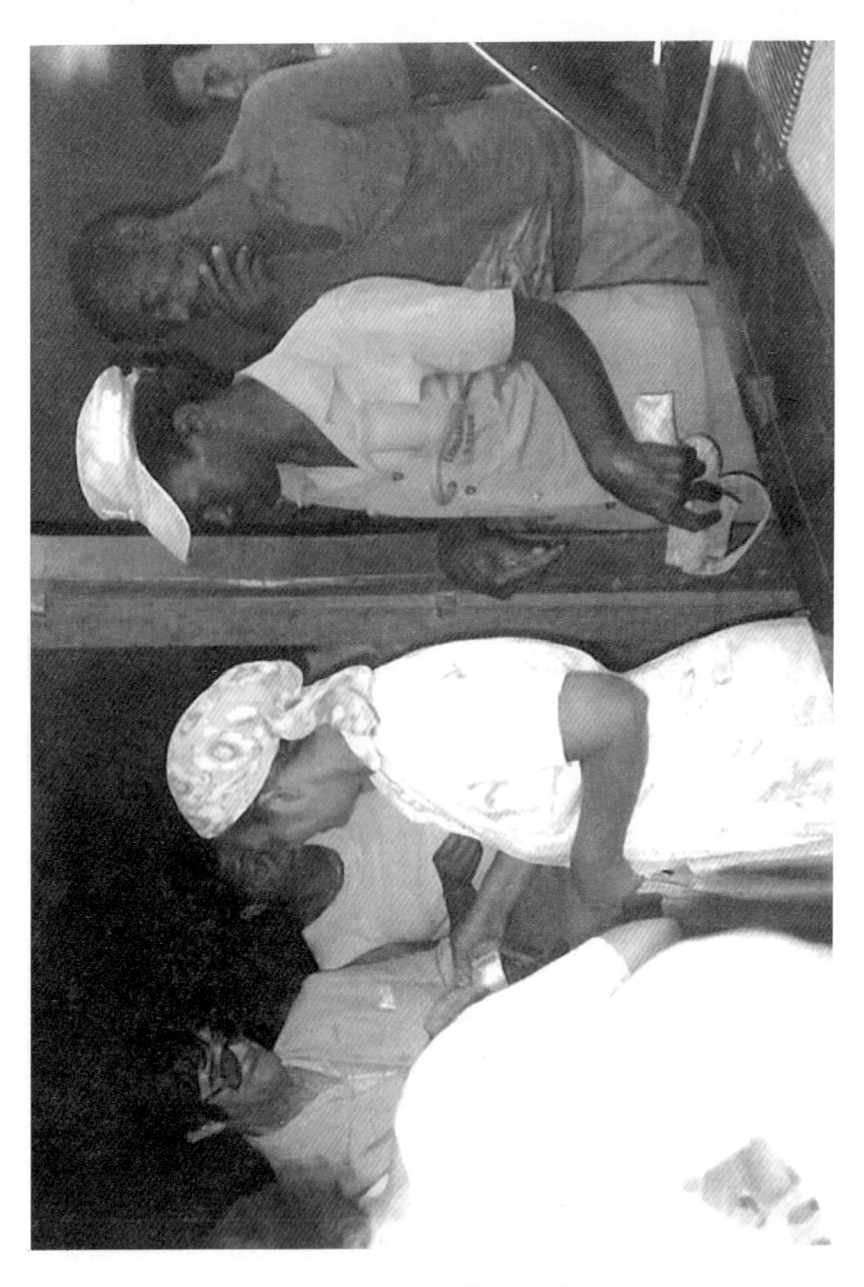

15 - *Chico Xavier na Vila dos Pássaros,*
onde comparecia aos sábados, à tarde.

37

OS ESPÍRITOS EM NOSSO MEIO

O Chico explicou para uma mãe que acabara de receber uma carta do filho desencarnado:

– *Os Espíritos descem até nós revestidos de material extraído do nosso meio ambiente. Com o esgotamento de tal "matéria fluídica", eles se cansam e retornam a um ambiente mais sutil, nas Colônias espirituais. A nossa psicosfera é bem grosseira para eles, asfixiante mesmo.*

Ouvindo o Chico, analisamos: Não será falta de caridade de nossa parte ficarmos evocando a todo instante os parentes desencarnados para ficarem ao nosso lado?

O inestimável Apóstolo dava aquela explicação porque o jovem do além em sua missiva à mãezinha querida pedia a todos nós, presentes no salão do Grupo Espírita da Prece, desculpá-lo por escrever longamente, cansando-nos, segundo ele.

E o Chico ainda explicou:

– *Ele está falando isso, mas na verdade são eles, os Espíritos, principalmente os menos adaptados na Vida Espiritual, que se cansam aqui embaixo.*

Finalizando, o Chico arrematou:

– *Um dos elementos usados e manipulados pelos Espíritos para se manterem entre nós, os encarnados, é extraído do perfume da flor. O corpo dinâmico, por exemplo, da roseira, vai até onde termina o perfume. Entenderam?*

Ora, como não entender?!

Ouvindo o Chico nos lembramos de Kardec, em *O Livro dos Espíritos,* na questão de n.º 36:

– O vazio absoluto existe em alguma parte do espaço universal?

– Não, nada é vazio; o que te parece vazio está ocupado por uma matéria que escapa aos teus sentidos e instrumentos.

UM FATO DESLUMBRANTE

Paulo e Estêvão, monumental obra psicografada pelo médium Francisco Cândido Xavier, ditada pelo venerável espírito Emmanuel, contém rico manancial sobre a história do Cristianismo Primitivo.

Encontramos, em suas luminosas páginas, informações e orientações para todo o tipo de vida que ajudará o homem a educar-se. O livro é riquíssimo em orientações evangélicas.

Um fato marcante é registrado por Emmanuel: a aparição de Jesus às portas de Damasco convocando Saulo à sua vinha.

Contava Chico que, quando psicografava o portentoso livro, Emmanuel o ajudava a desdobrar-se, ampliando sua capacidade mediúnica e, o médium como que se transportava para a região e os locais dos fatos narrados. Presenciou perfeitamente a hora em que Saulo caiu do animal e, ajoelhado, em pranto, diante de tanta luz.

"– Saulo!... Saulo!... por que me persegues?

– Quem sois vós Senhor?

– Eu sou Jesus!..."

Disse Chico Xavier ter escutado esse diálogo, ficando perplexo.

– Você viu o rosto de Jesus? – alguém perguntou.

– *Não!* – respondeu prontamente.

– *Vi o Apóstolo, de joelhos, pelas costas. Ele chorava muito e Jesus o aconchegou junto ao peito. Vi somente a mão do Senhor entre os seus cabelos.*

De maneira discreta comentou que via claramente o deserto ao sol escaldante do meio-dia. Era tão nítida a imagem que ele encantou-se com um tipo de gramínea originária daquela região. Mas, do Cristo mesmo, afirmou: sua visão foi só das mãos divinas do Senhor entremeando a cabeleira do Apóstolo.

Descrevemos palidamente mais um traço marcante na vida do extraordinário médium que esteve entre nós, o nosso tão querido Chico Xavier.

39

IMPRESSÕES NO TRANSE MEDIÚNICO[1]

"... quando nosso amigo espiritual, Emmanuel, começou a escrever o livro Há 2.000 Anos..., em 1938, comecei a ver uma cidade, depois vim a saber que era Roma. Havia jardins na cidade e aquilo me conturbou um pouco, causou-me um certo assombro.

Tendo perguntado, disse-me que estava escrevendo com ele como com alguém debaixo de uma "hipnose branda"; eu estava no seu pensamento conquanto não soubesse as palavras que ele escrevia. E assim tem sido até hoje."

---

[1] *Entrevistas*, Cap. Assuntos humanos, questão 10, IDE.

Valiosos ensinamentos com CHICO XAVIER

GLORIOSA VISÃO

Chico Xavier terminara de psicografar as últimas páginas do inolvidável livro de Emmanuel: *Paulo e Estêvão*.

Conta ele que as primeiras estrelas já reluziam no céu. À porta do porão da Fazenda Modelo onde escrevia, em Pedro Leopoldo, após suas preces de agradecimento a Jesus por ter sido singelo intermediário do expressivo trabalho, pediu a Emmanuel perdoá-lo pelas suas deficiências. Emocionado, observou que, das alturas, surgiam estrelas brilhantes que se dirigiam do Céu para a Terra, num facho de luz deslumbrante. Ao tocarem o chão, tomavam forma humana. Eram os personagens da história do livro: Áquila, Prisca, Gamaliel, Barnabé, Paulo e outros servidores de Jesus e, por último, as figuras radiantes de Estêvão e Abigail. Vieram agradecer ao médium pela sua colaboração.

Após a retirada dos Espíritos sublimes, pôde observar que o local, chão duro, onde pisaram, ficara iluminado. Chico ajoelhou-se chorando e beijava cada ponto do chão que se tornara fosforescente, irradiando tênue luz da terra para cima.

Emocionado e discretíssimo, dizia não ter mérito nenhum

para tudo aquilo, achando mesmo que os Mensageiros vieram para socorrê-lo em sua indigência espiritual.[1]

Confessamos quão difícil foi grafar tal acontecimento com o querido servidor do Cristo, tamanha a magnitude de um fato como este.

O que realmente, do ponto de vista espiritual, terá acontecido? Não sabemos. Só Deus e Chico sabem.

E que o Altíssimo, em Sua Magnificência, abençoe o ilustre Mensageiro que passou pela Terra como uma estrela a iluminar de esperança este mundo de tantas dores, sob a proteção do amor infinito de Nosso Senhor Jesus Cristo.

Louvado seja Deus!

---

[1] Esse fato foi narrado por Chico Xavier em conversa íntima, com amigos.

41

MÃES ADMIRÁVEIS

Inúmeras vezes presenciamos o Chico enaltecer as mães. Sua veneração por elas era enorme e dizia:

– *Deus envia esses anjos para que a Terra, com certeza, um dia, conquiste a tão almejada paz.*

Nos idos anos de 1968, uma moça, demonstrando profunda tristeza, procurou Chico Xavier expondo-lhe seu problema: solteira, estava grávida. Seus pais a recriminavam. Queriam que ela abortasse ou se retirasse do lar, expulsando-a.

Após ouvir aquela jovem em lágrimas, Chico, apiedado, falou:

– *Eu não posso compreender tanta discriminação e falta de amor por parte das pessoas. Eu acho que nesses casos, essas mães que honram a maternidade sem terem o apoio dos companheiros, que na grande maioria "dão no pé" e, muitas vezes, os próprios familiares não as amparam, são, para mim, mães admiráveis.*

Ouvindo o Chico, demonstrando alegria, aquela mãe modificou-se por completo.

E o Chico voltou a falar:

– *Vou dizer uma coisa para você, minha filha...*

O generoso amigo, segurando suas mãos com carinho, arrematou:

– *Eu admiro tanto essas mães, que se todas elas quisessem, poderiam registrar seus filhos em meu nome, como sendo o pai de todos eles. Eu os receberia com imenso amor...*

Sorrindo, irradiando uma onda de paz, emoção e respeito, complementou:

– *Serei o maior "marajá" do mundo!*

Aquela jovem mãe, refeita, com os olhos lacrimosos, mas irradiando bela luz, beijou-o ternamente na face e nas mãos. Retirou-se feliz da vida.

Refletindo nas lutas daquelas mães, nos lembramos dos versos da benfeitora espiritual Irene de Souza Pinto:

"Mãe na dor!... Bendita seja!...
Escrava de toda hora,
Honra as lágrimas que chora,
Nas dores por onde vai!...
Sem esposo que a proteja,
Sem arrimo, sem tutela,
Em Deus que sofre com ela
Encontra a Bênção de Pai."[1]

Hoje, dia das mães, 11 de maio de 2008, relembrando aquele acontecimento tão emocionante, lembramos também que o inolvidável benfeitor jamais dizia "mãe solteira". E quando se refeira aos filhos, anotava: filhos de pais ausentes.

---

[1] Livro *Mãe*, Mãe Sozinha, psicografia de Francisco Cândido Xavier, O CLARIM.

42

DA FORMAÇÃO DE GRUPOS ESPÍRITAS

Allan Kardec, em 1862,[1] em várias localidades foi abordado a respeito da formação de Grupos Espíritas. O venerável Codificador deixou-nos seguras orientações, senão vejamos:

"A primeira condição é, sem dúvida, constituir um núcleo de pessoas sérias, por mais restrito seja o seu número. Cinco ou seis pessoas, se são esclarecidas, sinceras, imbuídas pelas verdades da doutrina e unidas pela mesma intenção, valem cem vezes mais do que uma multidão de curiosos e indiferentes."

Em seguida, aconselha que devem, os seus fundadores, estabelecer regulamento simples e que cada grupo pode redigi-lo como desejar.

Recordamos essas explicações dadas pelo insigne Codificador porque presenciamos junto ao Chico Xavier alguns espíritas pedirem conselhos quanto à formação de uma instituição espírita. Algumas pessoas queriam mesmo, na verdade, era a aprovação de suas idéias autoritárias e excêntricas. Quando isso não acontecia, retiravam-se contrariadas.

---

[1] *Viagem Espírita em 1862*, p. 106, 3ª ed, O CLARIM.

Em resposta àqueles pedidos, dizia o Chico:

– *Um Centro Espírita deve ser bem simples, onde uma mãe, chamada solteira, entre e não fique constrangida, um doente com intestino solto suje o piso e não se envergonhe. É difícil para um pobre entrar numa casa muito rica. O espírita pode ser rico, não tem importância, mas o Centro não!...*

Concluindo o assunto, nos lembramos da chegada à Terra, do Divino Senhor, através das palhas de uma manjedoura e não num berço de ouro, em um palácio deslumbrante, para não humilhar a nossa indigência espiritual.

16 - Chico Xavier, tio Pedro e dona Zilda acompanhados do casal Ana Maria e Dr. Faria, fundadores do Grupo Espírita "Chico Xavier" de São Lourenço - sul de Minas.

43

DR. HUMBERTO FERREIRA[1]

Na década de 70, presenciamos um fato que nos emocionou bastante. Após a reunião normal da Casa Espírita, altas horas da noite, uma mãe sem recursos e com semblante triste, mas denotando esperança, aproximou-se de Chico Xavier. Ela solicitava socorro para o filhinho doente que trazia em seus braços. O dedicado servidor de Jesus falou com extrema atenção e carinho:

— *Minha filha, o caso de seu filhinho é com médico e eu não posso fazer nada.*

— Então, como é que eu faço? – disse a mãe aflita.

Chico, apiedado e com imenso amor, aconselhou:

— *Você vai fazer o seguinte: amanhã, bem cedinho, vá ao Hospital da Criança. Lá, procure o Dr. Humberto Ferreira. Ele*

---

[1] Dr. Humberto de Oliveira Ferreira (03/06/1916 – 04/07/2002 – Uberaba MG) – Formou-se em Medicina na Universidade Federal do Rio de Janeiro em 1938 – Foi pediatra e clínico geral. Realizou inúmeras pesquisas, inclusive a doença de Chagas, obtendo cura por volta de setenta por cento dos casos tratados, principalmente em crianças. Atendeu milhares gratuitamente. Emérito professor: Farmacologia e Terapêutica, Pediatria e Puericultura, e Antropologia na Faculdade de Medicina do Triângulo Mineiro. Sócio-fundador da Sociedade Brasileira de Medicina Tropical. Publicou vinte e oito trabalhos científicos e participou de apresentações em noventa e quatro congressos. Casou-se com Dona Nívea Pinto Ferreira com quem teve dois filhos: Roberto e Murilo. (Dados fornecidos por Dona Nívea)

---

vai olhar o nosso doentinho. O Dr. Humberto é um Apóstolo da Medicina. É o pai dos pobres e, eu tenho certeza, ele vai curar o seu filhinho.

Aquela mãezinha, em lágrimas e agradecida, depois de receber afetuoso abraço do Chico, que beijou-lhe a face, retirou-se confiante.

Observei que o Chico, discretíssimo, depositou na mão daquela jovem mãe, tão sofrida, uma ajuda em dinheiro.

Retirei-me como fiz centenas de vezes após presenciar mais um gesto de verdadeira fraternidade cristã.

A caminho de meu lar, embevecido pela beleza da noite estrelada, agradeci a Deus por tantas bênçãos.

Louvado seja nosso Pai Criador pelo Espiritismo Cristão na Terra, que é aquele Consolador Prometido por Nosso Senhor Jesus Cristo.

44

TUBO DE ENSAIO E RENASCIMENTO

Na noite de 6 de março de 1970, Chico Xavier sendo entrevistado na extinta TV Tupi de São Paulo, perguntaram-lhe o que achava sobre a criança ser gerada num tubo de ensaio. Eis a resposta:

— Tenho ouvido por diversas vezes o Espírito Emmanuel a respeito disso. Ele diz que o nosso respeito à Ciência deve ser inconteste e que o progresso da ciência é infinito, porque a solução do problema do tubo de ensaio, para o descanso do claustro materno, é viável. Mas, restará à Ciência um grande problema, o problema do amor com que o espírito reencarnante é envolvido no lar pelas vibrações de carinho, de esperança, ternura, confiança de pai e mãe, no período também da infância, em que a criança é rodeada de amor, muito mais alimentada de amor do que de recursos nutrientes da terra! Vamos ver como é que a Ciência poderá resolver este problema para que não venhamos a cair em monstruosidades do ponto de vista mental.[1]

Uma semana após a presença do estimado benfeitor àquela emissora de TV, já altas horas da noite, após os trabalhos normais

---

[1] *Entrevistas,* questão 31, IDE.

no Centro Espírita, Chico foi arguido por inúmeras pessoas sobre o assunto ventilado lá em São Paulo sobre o tubo de ensaio. Em resposta, o estimado irmão explicou:

— *No futuro, a Ciência libertará a mulher de gerar o filho no claustro materno. Teremos bancos de sêmen com doadores selecionados. O controle será feito de acordo com os óbitos e os homens de laboratório serão responsáveis pelos tubos de ensaio.*

Perplexos pelo que ouvimos, indagamos:

— Mas, será possível?!

— *Como é que nós nascemos?*

Diante do silêncio de todos, complementou:

— *Nós nascemos como a grama. Isso não vai continuar assim. No futuro haverá organização mais controlada. Mas tudo isso só acontecerá quando tivermos governos magnânimos. Quem sabe daqui uns bons tempos... Vamos aguardar.* [1]

E o Chico disse ainda:

— *Os aparelhos poderão ser instalados no reduto do lar para receber as vibrações de amor dos pais, haverá mais fecundação espiritual do que material.*

Em fazendo tais anotações de assunto tão sério, envolvendo os mecanismos da reencarnação, raciocinamos: nessa época vindoura, a humanidade terá se libertado do amor egoísta e preconceituoso, não é? Pois não foi o Senhor Jesus que advertiu um doutor da lei? "Nicodemos, te digo que é necessário nascer de novo."

---

[1] Sugerimos ao caro leitor recorrer ao capítulo 13, Reencarnação, do livro *Missionários da Luz*, André Luiz / Francisco Cândido Xavier, FEB.

45

A VITÓRIA DA FORMIGA

Um casal de jovens espíritas, enamorados e preocupados com o futuro, procurou Chico Xavier solicitando orientação:

– Qual o caminho para vencerem na vida?

Perguntaram e, enaltecendo o Chico, diziam ser ele um modelo para a humanidade.

O pupilo de Emmanuel não gostou do que ouviu e contou:

– *Ah! Meus caros amigos, vou contar para vocês o que aconteceu comigo. Um dia desses, quando me recolhi para dormir, uma formiga começou a andar pelo meu corpo. Aquilo me incomodava e eu procurava agarrá-la, mas não conseguia. Conversei com ela:*
– *Minha irmã formiga, eu preciso descansar, necessito dormir. Amanhã cedo tenho que trabalhar. Mas nada, não conseguia pegá-la. Então chamei o Espírito de minha mãe. Pedi a ela para tirar a formiga do meu corpo. Ela veio e atendeu o meu pedido. Só assim é que consegui dormir.*

Após sorrisos gerais, o querido amigo arrematou sua história:

– *Como vêem, eu não dou conta nem de uma formiguinha,*

como é que eu posso ser o tal? Até uma simples formiga pode comigo. Por isso, como posso estar aqui traçando normas de vida para alguém se não dou conta nem de uma simples formiga?

Aqueles moços foram contagiados pelo amor e pela grandeza da lição de um verdadeiro seguidor de Jesus.

Retiraram-se felicíssimos, confiando-nos:

– Como é que pode? Um homem desses não existe!

46

AMIGO EXEMPLAR

Na década de 70, no mês de dezembro, caminhava por uma rua central de Uberaba, quando fui interpelado por um amigo de infância me pedindo uns trocados. Atravessava uma fase difícil em sua vida. A bebida o dominava. Faltava-lhe trabalho, apesar de ser um bom profissional.

Não gostei daquele pedido, me senti incomodado, inclusive condenei aquela atitude. Irritado, não o atendi, negando dar-lhe algum dinheiro.

Algumas horas mais tarde, novamente caminhando pela mesma rua, ouço alguém gritando:

– Cezar, Cezar...

Era o mesmo amigo. Pensei:

– Que coisa! Outra vez?

Para minha surpresa, o amigo, feliz da vida, mostrou-me uma nota de alto valor e disse:

– Foi o Chico Xavier que me deu como presente de Natal. Encontramo-nos lá na avenida. Quando ele me viu, deu-me um abraço e falou que eu sou um bom trabalhador e que Jesus vai me amparar.

Senti-me envergonhado com a dureza do meu coração.

Vale lembrar que o amigo beneficiado pelo Chico recuperou-se e tornou-se um trabalhador responsável.

Para melhor nos inteirarmos da bela lição, meditemos na orientação de André Luiz:

"Se Jesus nos recomendou amar os inimigos, imaginemos com que imenso amor nos compete amar aqueles que nos oferecem o coração." [1]

---

[1] *Sinal Verde*, Capítulo 12, psicografia Francisco Cândido Xavier, CEC.

BENEFÍCIOS DO TRABALHO

Do livro *Paulo e Estêvão,* Primeira Parte, capítulo III, (FEB), retiramos precioso ensinamento sobre o trabalho.

Jeziel, um jovem israelita, juntamente com sua irmãzinha Abigail, foram responsáveis pela transformação de Saulo em Paulo. O moço hebreu, com os seus familiares, mãe, pai e irmã, foram perseguidos pela iníqua lei do governo de Roma. Deram os mais atrozes testemunhos de fidelidade a Deus.

O moço judeu foi condenado às galeras como escravo, significando prisão perpétua. Pela sua conduta de natural bondade, junto aos outros condenados, contagiava os companheiros rebeldes e malfeitores.

E assim narra Emmanuel:

"– Ai de nós! – exclamou um colega desalentado. – São raros os que resistem a esses remos malditos, por mais de quatro meses!...

– Mas todo o serviço é de Deus, amigo – respondeu Jeziel altamente inspirado –, e desde que aqui nos encontramos em atividade honesta e de consciência tranqüila, devemos guardar a convicção de servos do Criador, trabalhando em suas obras."

Ilustrando a importância do trabalho em nossa vida, recorramos à resposta de Chico Xavier em uma entrevista:

– O trabalho foi sempre para mim uma bênção de paz e refazimento, com o qual encontro o esquecimento, pelo menos temporário, das imperfeições que carrego.[1]

---

[1] *A Terra e o Semeador,* questão 88, IDE.

17 - *Rolando Ramacciotti com Chico e amigos durante um trabalho de assistência fraterna.*

COMUNICAÇÃO COM OS ESPÍRITOS

Dedicada mãe contou-nos sua história:

Com a perda do filho, viu-se em profundo abatimento, não queria mais viver. Procurou Chico Xavier, recebendo dele palavras revestidas do mais puro sentimento de respeito, colocando em sua alma sofrida a esperança e a certeza de que Deus, nosso Pai, jamais nos deixa órfãos da Sua Suprema Proteção.

Após aquele encontro, o filho querido do além, pelas mãos abençoadas do médium, envia, pela psicografia, carta mediúnica, trazendo ao seu coração saudoso as mais expressivas notícias de que a vida continua estuante após a morte do corpo e de que o futuro reserva o grande reencontro para os corações que se amam.

Em tais momentos, o inestimável servidor de Jesus, junto àquelas mães sofridas, além de suas palavras revestidas de amor, chorava em silêncio respeitoso, unindo-se àqueles corações marcados pela dor.

Chico Xavier, de 1927 até a década de 1990, psicografou quase quarenta mil cartas mediúnicas dos Espíritos, destinadas aos seus queridos familiares e amigos, aqui do plano físico, inclusive em outros idiomas, atestando sua extraordinária mediunidade poliglota (xenoglossia).

Finalizando nossas anotações, recordemos Allan Kardec na questão 935 em *O Livro dos Espíritos:*

"A possibilidade de entrar em comunicação com os Espíritos é uma bem doce consolação, visto que ela nos proporciona o meio de conversar com nossos parentes e nossos amigos que deixaram a Terra antes de nós."

PINTURA MEDIÚNICA

Há mais de trinta anos, presenciamos um fato com Chico Xavier que nos chamou a atenção pela atitude de prudência e cautela que o querido médium de Emmanuel adotou.

Na reunião daquela noite, uma médium pintou alguns quadros cujas assinaturas foram de renomados artistas do passado: Rembrandt, Renoir, Toulouse-Lautrec e outros não menos famosos.

Após os trabalhos normais da sessão, a médium pictórica e seus familiares juntos ao Chico, perguntaram-lhe:

– Estas assinaturas serão mesmo dos personagens que as assinaram?

Chico Xavier, olhando as telas pintadas, falou com seriedade:

– *É, vamos ouvir a opinião dos* experts *na arte da pintura. O parecer deles vale muito.*

Depois da palavra prudente e segura de Chico Xavier, notamos certo desapontamento da médium, de seus amigos e de seus familiares entusiasmados. Na verdade, queriam a confirmação do médium de que realmente eram os famosos artistas.

Esse caso nos faz lembrar de Jesus quando repreende um homem no meio da multidão:

"Ó homem! Quem me estabeleceu para vos julgar ou para fazer vossas partilhas?..." (*Lucas,* XII, v. 13 a 21)

Concluindo mais um caso com Chico Xavier, queremos registrar também que naquela ocasião o querido amigo não duvidou e nem depreciou aquele trabalho. Mas deixou-nos uma grande lição de bom senso, prudência e discernimento.

50

UMA PERGUNTA INDISCRETA

Como de costume, após os trabalhos doutrinários com Chico Xavier, na Comunhão Espírita Cristã, altas horas da noite, 2h40min, em 1969, estávamos com o querido médium quando determinado confrade aproxima-se dele e pergunta:

– Chico, por que é que você não se casou?

Aquele irmão adotava uma postura rigorosa, achando que o Chico lhe devia uma satisfação quanto à sua vida íntima.

O inolvidável amigo, um pouco surpreso com aquela pergunta inquisitorial, respondeu:

– *Olha, meu amigo, Nosso Senhor Jesus Cristo permitiu que eu viesse a esse mundo para amar a Humanidade toda.*

O Chico, nesse ínterim, já atendia uma mãe sofredora e, mesmo assim, virando-se para nós, complementa:

– *Deus permitiu que nessa encarnação eu me casasse com o Espiritismo.*

Retirando-se com alegria contagiante, encerrou o assunto dizendo:

– *Os livros! Ah! Os livros são os meus filhos!*

Aquela fala do grande apóstolo impregnou no ambiente suave perfume de rosas, parecendo envolvido em luminosidade a penetrar no âmago de nossas almas, refletindo em todos paz e alegria.

Após os cumprimentos finais, rumando com destino à minha casa, emocionado com a bela noite estrelada, lembrei-me dos Espíritos veneráveis a nos orientar sobre o celibato:

"... Todo sacrifício pessoal é meritório, quando é para o bem; quanto maior o sacrifício, maior o mérito."[1]

---

[1] O Livro dos Espíritos, questão 699.

51

ESPIRITISMO, CIÊNCIA E TRANSCOMUNICAÇÃO[1]

"Mas o Consolador, que é o Santo Espírito, que meu Pai enviará em meu nome, vos ensinará todas as coisas..."

(*João*, XIV: 15, 16, 17, 26)

A humanidade, de uns tempos para cá, está sendo chamada a voltar seus olhos para a realidade da vida imortal. Depois de 18 de abril de 1857, com o surgimento de *O Livro dos Espíritos,* na França, implantou-se no mundo a Fé Raciocinada. Não mais perduraria a fé cega, filha do preconceito e do espírito despótico, onde o orgulho favorece o fanatismo, pai da intolerância.

Na atualidade, com a evolução da Ciência, surgem as comunicações dos Espíritos com o homem, via aparelhos (Transcomunicação Instrumental – TCI).

E Kardec? E a Espiritualidade Superior? Que dizem sobre o assunto?

---

[1] Texto publicado anteriormente no jornal *A Flama Espírita* – janeiro / 1993, Uberaba, MG.

Vejamos:

a) – "... Mas é uma consolação poderdes comunicar-vos com os vossos amigos pelos meios que dispondes, enquanto esperais o aparecimento de outros mais diretos e mais acessíveis aos vossos sentidos". Allan Kardec (*O Livro dos Espíritos* – Questão 934)

b) – "Os tempos são chegados em que os ensinamentos do Cristo devem receber seu complemento; em que o véu, lançado propositadamente sobre algumas partes desse ensinamento, deve ser levantado; em que a Ciência, deixando de ser exclusivamente materialista, deve inteirar-se do elemento espiritual; em que a Religião, cessando de menosprezar as leis orgânicas e imutáveis da matéria, essas duas forças, apoiando-se uma sobre a outra e andando juntas, se prestarão um mútuo apoio. Então, a Religião, não recebendo mais o desmentido da Ciência, adquirirá uma força inabalável, porque estará de acordo com a Razão e não se lhe poderá opor a irresistível lógica dos fatos". Allan Kardec (*O Evangelho Segundo o Espiritismo* – Cap. I, item 8)

c) – "Químicos e físicos, geômetras e matemáticos, erguidos à condição de investigadores da verdade, são hoje, sem o desejarem, sacerdotes do Espírito, porque, como conseqüência de seus porfiados estudos, o materialismo e o ateísmo serão compelidos a desaparecer (...)."

– "Os laboratórios são templos em que a inteligência é concitada ao serviço de Deus (...)."

– "Semelhantes verdades não permanecerão semi-ocultas em nossos santuários de fé. Irradiar-se-ão dos templos da Ciência como equações matemáticas." Emmanuel

/ Chico Xavier (*Nos Domínios da Mediunidade* – Prefácio – FEB)

d) – "Não se impacientem, por isso, as mães e os pais, os filhos e irmãos que não recebem de pronto as mensagens que desejam. O negócio não é pegar o fone e discar. Muita complicação deve ser atendida. Pensamos que em futuro próximo a cabeça do homem decidirá muito problema desse setor com a Eletrônica. Até que isso aconteça, não temos outras vias." Wadizinho / 7.ª Mensagem (*Jovens no Além* – Chico Xavier – GEEM)

Encerrando nosso pequeno estudo de pesquisa, lembremos a exortação do Espírito de Verdade inserida no capítulo VI, item 5, de *O Evangelho Segundo o Espiritismo*:

"Espíritas: amai-vos, eis o primeiro ensinamento; instruí-vos, eis o segundo. Todas as verdades se encontram no Cristianismo; os erros que nele se enraizaram são de origem humana; e eis que, do além-túmulo, que acreditáveis vazio, vozes vos clamam: Irmãos! Nada perece. Jesus Cristo é o vencedor do mal; sede os vencedores da impiedade!"

DOUTRINA ESPÍRITA E FENOMENOLOGIA

Chico Xavier, em 1974, participou de entrevista na extinta TV Tupi, São Paulo.

Dentre inúmeras perguntas, nos lembramos de uma a respeito de entrarmos em comunicação com os Espíritos através da "brincadeira do copo".

Assim respondeu o grande médium:

– *"Os Benfeitores Espirituais nos dizem que devemos sempre separar mediunidade de Doutrina Espírita, porque esta última veio-nos para disciplinar os fenômenos. Assim, através do copinho, ser-nos-á possível entrar em contato com os Espíritos amigos, mas, por vezes, ainda não educados ou não sublimados, isto é, com criaturas desencarnadas muito próximas da nossa faixa de evolução, de modo que, sem a Doutrina Espírita, qualquer fenomenologia, inclusive a do copo, é capaz de suscitar dissabores, pelas experiências."* [1]

– Então, não se deve brincar?...

Arrematou o ilustre entrevistado:

– *É interessante não brincar.*

---

[1] *A Terra e o Semeador,* questão 117, Fenômenos com o copo, IDE.

OS RECALCITRANTES

Após os trabalhos doutrinários da Comunhão Espírita Cristã, nos despedíamos de Chico Xavier, na calçada da rua Eurípedes Barsanulfo, altas horas da noite. Como sempre acontecia, naqueles momentos de intensa alegria e descontração, presenciamos interessante e construtiva conversa com o querido médium.

Ranieri, nosso saudoso amigo e escritor espírita, presente àquela reunião e, à frente do ilustre amigo, faz-lhe um pedido:

– Chico, conte para nós aquele caso das formigas.

O estimado benfeitor e protegido de Emmanuel não se fez de rogado e alegre narrou:

– *Quando iniciamos os nossos trabalhos por aqui, apareceu uma verdadeira avalanche de formigas "cabeçudas". À noite, invadiam a nossa casa, devorando o que encontrassem pela frente: nossos alimentos, plantas... Era um horror! O nosso Waldo falou: – Chico, vou botar veneno e acabar com essas invasoras, isso não pode continuar. Pensei: Meu Deus, vai ser uma mortandade geral. Olha, gente, confesso que tive dó dos bichinhos, apesar do prejuízo e incômodo que nos causavam. Pedi ao Waldo que me desse um tempo. Eu conhecia uma oração de um padre nor-*

destino... Conversaria com as formigas, pediria para irem embora. À noite, tive uma conversa com elas, dizendo: Olhem, minhas irmãs formigas, vocês estão levando a nossa comida. Sei que precisam de alimentos, mas nós também. Vocês podem adquirir em outro local o que comer. Vocês são muito úteis no campo. Lá encontrarão o que necessitam. O melhor é irem embora, senão o Waldo vai por Aldrim e todas vocês morrerão.

Aproveitando breves minutos de silêncio do Chico, Ranieri perguntou:

– E daí, Chico, as formigas foram embora?

– *Foram, mas ficaram as recalcitrantes e o Aldrim acabou com elas. Não teve outro jeito, me deu vontade de chorar.*

Sorrimos bastante com a maneira alegre do Chico contar o caso.

Ranieri, novamente, perguntou:

– Conte para nós uma coisa: Com quem você acha mais difícil de lidar? Com a "formiga bicho" ou com a "formiga homem"?

O Chico sorriu, levando a mão sobre a boca e respondeu jocosamente:

– *Com a "formiga homem". Ele fala que vai embora e não vai nada.*

Sorrisos gerais e, nossa querida Ondina, que juntamente conosco acompanhava a história, com alegria encerrou o caso dizendo:

– Gente, vamos embora! O Sol não demora a aparecer. Vamos deixar o Chico descansar.

Retiramo-nos felizes e agradecidos a Jesus pela bênção de mais um encontro de aprendizado junto a Chico Xavier.

ESPERANÇA

Naquela luminosa noite, dirigíamos a sessão espírita junto a Chico Xavier. Após os abençoados trabalhos de Evangelização (assim dizia o Chico), uma mãe angustiada puxava pelas mãos seu querido filho enfermo cego, surdo e mudo.

Ao aproximar-se do médium, pergunta-lhe sobre a cura do jovem em sofrimento.

O amorável seguidor de Jesus, expressando piedade cristã e extrema bondade, com sua mansa e doce palavra responde:

– *Filha, Deus, Nosso Pai, tudo pode! Confiemos em seu poder infinito.*

Aquela mãe, mais esperançosa, explica:

– Desde que nasceu faz tratamento médico. Os médicos poderão curá-lo?

E o Chico volta a dizer-lhe:

– *A Medicina está muito adiantada. Vamos confiar. A Medicina é de Deus. Não desanime. Ele vai melhorar.*

Após o atendimento do caso, o Chico confidenciou-nos ser

---

aquele rapaz, cruel perseguidor da humanidade, reencarnado em processo expiatório, seguido ainda por uma malta de verdugos implacáveis, impossibilitando a melhora imediata daquela criatura desventurada.

Retruquei:

– Mas você disse que ele poderá adquirir a cura!...

E Chico arrematou:

– *Eu não estou aqui para tirar a esperança de ninguém.*

O caso que acabamos de relatar nos levou a raciocinar na afirmativa do Divino Senhor, o Médico Celeste:

– "Daí não saireis enquanto não pagares o último ceitil."

55

COMPANHEIROS-PROBLEMA

Diligente trabalhadora responsável pelo setor de Evangelização Infantil Espírita, enfrentando dificuldades no grupo a que pertencia, procurou Chico Xavier e expôs-lhe o seu problema: uma companheira daquele importante setor da Casa Espírita era motivo de inúmeras reclamações por parte de muitos por adotar conduta contrária às normas da Doutrina Espírita. Como fazer para que a ordem se restabelecesse e que medida tomar para com aquela companheira?

Chico Xavier, com sua bondade habitual, explicou gentil:

– *Minha filha, tenha paciência. Continue no trabalho com determinação e amor. As nuvens ameaçadoras passarão.*

– Mas, está difícil. A nossa irmã está sendo um obstáculo para o bom andamento de todo o setor da Evangelização.

O lúcido e experiente amigo, demonstrando profundo conhecimento psicológico, aduziu:

– *Há determinadas condutas em que se faz o necessário isolamento daquele que é a causa de problemas, impedindo o bom andamento da máquina. Não a expulsão, mas o isolamento. Ob-*

---

servemos as abelhas: quando uma mosca pousa na colméia, em conjunto elas envolvem o inseto invasor com cera, neutralizando-lhe a ação perturbadora.

A irmã dirigente de trabalho tão importante, sorrindo, beijou as mãos do respeitável protegido de Emmanuel e retirou-se, esperançosa.

REUNIÕES PÚBLICAS DE EVANGELIZAÇÃO

"Uma sociedade não é verdadeiramente séria se não se ocupar de assuntos úteis..."
Allan Kardec
(*O Livro dos Médiuns* – XXIX, q. 327)

As reuniões doutrinárias nas Casas Espíritas, feitas com zelo evangélico, proporcionam complexos e variados tipos de auxílio por parte dos benfeitores espirituais em favor de centenas de sofredores desencarnados e encarnados. Daí a importância dos dirigentes de tais reuniões se conscientizarem em organizar estudos sérios da obra Kardequiana, hoje seqüenciada com o trabalho apostolar de Chico Xavier.

Ilustrando tal realidade, transcrevemos, abaixo, parte muito importante do capítulo 43 "Antes da Reunião", do livro *Os Mensageiros,* de André Luiz, editado pela FEB.

"Se fosse concedida à criatura vulgar uma vista de olhos, ainda que ligeira, sobre uma assembléia de espíritos desencarnados, em perturbação e sofrimento, muito se lhes modificariam as atitudes na vida normal. Nessa afirmativa, devemos incluir, igualmente, a maioria dos próprios espiritistas, que freqüentam as reuniões

---

doutrinárias, alheios ao esforço auto-educativo, guardando da espiritualidade uma vaga idéia, na preocupação de atender ao egoísmo habitual. O quadro de retificações individuais, após a morte do corpo, é tão extenso e variado que não encontramos palavras para definir a imensa surpresa.

Aqueles rostos esqueléticos causavam compaixão. Chegavam ao recinto aquelas entidades perturbadas, em pequenos magotes, seguidas de orientadores fraternais. Pareciam cadáveres erguidos do leito de morte. Alguns se locomoviam com grande dificuldade. Tínhamos diante dos olhos uma autêntica reunião de "coxos e estropiados", segundo o símbolo evangélico."

Observamos, portanto, a grande responsabilidade e seriedade de todos aqueles que se fizerem presentes em tais reuniões, principalmente os trabalhadores espíritas ligados à casa.

Recomendamos, ainda, ao leitor amigo, a lição de número 44, "Arquitetos Espirituais", e a de número 4, "Ante o Serviço", dos livros *Instruções Psicofônicas* e *Nos Domínios da Mediunidade*, ambos de Chico Xavier. [1]

---

[1] Escrevemos este capítulo após ouvirmos de Chico Xavier referências ao livro de André Luiz no qual o Mentor Espiritual descreve a assembléia de Espíritos em sofrimento que são trazidos às reuniões de caráter sério.

NAS SESSÕES ESPÍRITAS

A pretexto de manter um bom padrão vibratório, é comum em nossas reuniões nos Centros Espíritas a direção pedir aos que adentram o salão, silêncio absoluto, às vezes até exigir.

Sempre observamos que, nas reuniões com Chico Xavier, as pessoas podiam conversar e ficavam à vontade, mas com respeito. O silêncio se fazia após a prece de abertura.

Sobre esse assunto, Chico assim se expressou:

– *É bom deixar aqueles que vêm em busca de consolo e orientação conversarem entre si, porque o problema de um servirá de reconforto ao outro.*

Meditando na lógica da medida, convenhamos que tal atitude auxilia.

Com o "confessai-vos uns aos outros e sereis curados..."[1] de Jesus, encontram o caminho para a resolução de seus problemas.

Finalizando mais um caso de estudo e aprendizado, convém refletirmos com André Luiz:

---

[1] *Tiago*, 5:13-20.

Valiosos ensinamentos com CHICO XAVIER   133

"De há muito aprendera que uma dor maior sempre consola uma dor menor e limitava-me a pronunciar frases curtas, para que os infelizes, ali congregados, encontrassem reconforto, uns com os outros, sem necessidade de doutrinação de minha parte."[1]

[1] Do livro *Libertação,* capítulo XVII, Assistência fraternal, FEB.

DIA DOIS DE ABRIL

Em uma daquelas belas madrugadas, na calçada da Casa Espírita, na rua Eurípedes Barsanulfo, para as despedidas, após os proveitosos momentos das reuniões, permanecíamos embevecidos pela sabedoria do inolvidável amigo. E ele falava:

– *Eu agradeço à minha mãe por ter-me segurado por mais um dia em sua barriga. Com o compromisso que eu tinha com o livro espírita, não ficaria bem chegar aqui no dia primeiro de abril, pois não é esse o dia da mentira?*

Sorriu como um bom menino, provocando sorrisos em todos nós. Concluindo disse:

– *Vocês não acham? Eu não tenho razão para agradecer à minha mãe?*

Sob o olhar bondoso daquele apóstolo do Senhor, disse-lhe:

– É, Chico, o meu caso é muito diferente...

E perante o amigo, como se fosse uma mãe sábia e amorosa, contei-lhe a minha sina:

– Pois eu cheguei aqui no dia dos mortos, dia 2 de novembro. Está vendo a diferença?

Ele sorriu bondosamente, levando a mão sobre a boca, e carinhosamente falou, após dar-me a mão:

– *Ave, Cezar! Ave, Cezar!...*

Aquele seu gesto levou-me a uma estranha e inexplicável emoção e aduziu:

– *Ah! Agora é carneiro, não é?*

Eu, com sinceridade, respondi:

– Como está difícil deixar de ser Cezar. Ainda sou Cezar.

– *Não, meu filho. Agora é carneiro.*

– Não, Chico. Sou Cezar.

E o amoroso benfeitor soltando minha mão, com ternura e sorrindo disse:

– *Agora é carneiro.*

Retirei-me banhado em lágrimas. Não sei o porquê, mas pleno de felicidade, conclui:

– Se reencarnei no dia dos mortos, em 1936, felizmente, pela misericórdia divina, em junho de 1963 renasci para a vida do Espírito, quando pela primeira vez vi o Chico Xavier e me aproximei dos postulados da Doutrina Espírita.

Retirei-me feliz da vida, como se os astros da bela noite me envolvessem, deixando em minha alma a certeza de que as vidas sucessivas mais não são que breves dias de aprendizado infinito, sob as bênçãos de Nosso Pai Criador, que é Deus.

59

BRASIL, CORAÇÃO DO MUNDO, PÁTRIA DO EVANGELHO

Algumas vezes presenciamos repórteres perguntarem ao Chico se de fato o nosso país está destinado a ser o Coração do Mundo e a Pátria do Evangelho.

Vejamos a resposta do extraordinário sensitivo:

– Os Espíritos amigos sempre nos dizem que o Brasil está destinado a grandes realizações na vivência do Evangelho de Nosso Senhor Jesus Cristo.[1]

E Emmanuel nos afirma:

"... o mundo espiritual, sob determinação augusta do Divino Mestre, transportou para a América a árvore maravilhosa da fraternidade e da paz, a cuja sombra cariciosa e divina vamos encontrar o Brasil sob a luz do Cruzeiro, desempenhando a tarefa significadora de Pátria do Evangelho."[2]

Vejamos a decisão de Jesus, o Senhor de nosso mundo:

---

[1] *A Terra e o Semeador,* questão 72, IDE.

[2] *Coletânea do Além,* FEESP.

"Aqui, Helil, sob a luz misericordiosa das estrelas do cruzeiro ficará localizado o coração do mundo! A região do Cruzeiro onde se realizará a epopéia do meu Evangelho, estará, antes de tudo, ligada eternamente ao meu coração."[1]

Incrível! Por que será que o Brasil se encontra sob a luz do Cruzeiro do Sul? Não terá o nosso país correlação com aquela constelação tão distante? Jesus o sabe! São segredos impenetráveis (por enquanto) para a nossa ignorância.

Concluindo tão profícuo estudo, só nos resta dizer: Por que desesperarmos com os tristes momentos atuais? Tudo passará. Confiemos. Depois da tempestade virá a bonança. Jesus Cristo é o Anjo Guardião da Humanidade.

Aguardemos.

---

[1] *Brasil, Coração do Mundo, Pátria do Evangelho,* cap. 1 e 2, FEB.

60

AINDA SOBRE A PÁTRIA DO EVANGELHO...

Em 1969 estávamos reunidos na casa do Sr. Weaker e D. Zilda para o culto do Evangelho de Jesus. Antes de iniciar o estudo, Chico comentava sobre as lutas e grandes dificuldades por que passaria o Brasil. O povo enfrentaria provas acerbas, dizia o querido amigo e benfeitor.

Admirado pelo que ouvira, indaguei:

– Chico, mas não é o Brasil a Pátria do Evangelho?

Sério e grave respondeu:

– *Você está se esquecendo? O que é que fizeram com Ele? E Ele não é o Evangelho? Ele é a Lei.*

Ante o nosso silêncio, notando o susto que levamos, o próprio Chico complementou:

– *Pregaram-No de tanga em uma cruz de madeira.*

O assunto foi encerrado a pedido do próprio Chico para iniciar o culto.

Fiquei meditando: Meu Deus, o testemunho de Jesus foi amargo demais!... O que estará reservado a nós, os brasileiros? Ou será que a nós caberá o galardão da vitória sem o testemunho?! Para ter o privilégio de ser a Pátria do Evangelho caberá ao Brasil pôr ordem na Casa com trabalho, justiça, correção, responsabilidade e caridade. E ao povo brasileiro carregar a cruz do testemunho, em silêncio, exercendo o mais profundo sentimento de amor e caridade. Aí sim, brilhará a luz do Brasil para todos os povos da Terra.

A CONSTELAÇÃO CRUZEIRO DO SUL

São cinco as estrelas que formam a constelação Cruzeiro do Sul, formando o desenho de uma cruz. Perto do Cruzeiro do Sul, existem duas estrelas muito brilhantes, conhecidas como "guardiãs da cruz". Isso porque elas estão sempre próximas do Cruzeiro do Sul, como que guardando a cruz e apontando sua direção. São elas as estrelas mais brilhantes da constelação do Centauro e, por isso mesmo, são chamadas de Alfa do Centauro e Beta do Centauro. [1]

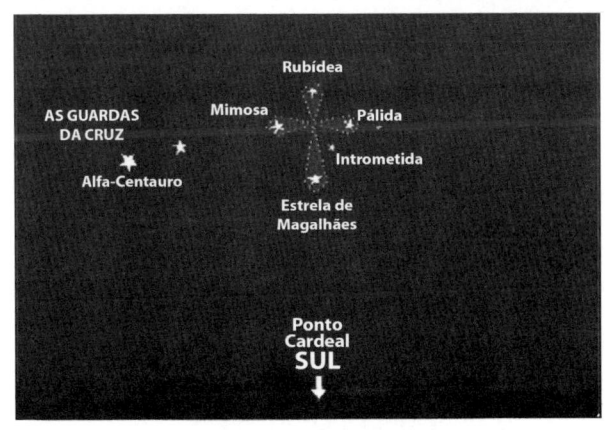

18 - *Cruzeiro do Sul*

[1] www.plenarinho.gov/educação/reportagens_publicadas/de-olho-no-céu.

NA CONQUISTA DA PAZ

Uma amiga de nossa estima sentia-se angustiada vendo seu lar em vias de se desfazer por causa do marido dominado pela bebida. Resolveu procurar o Chico. Diante do amigo, expôs seu drama, dizendo-se revoltada. Contou que estava sem paciência e que dias atrás o marido chegou em casa e começou a quebrar pratos e tudo o que encontrava pela frente. Muito indignada ela quebrava também as louças. O ambiente virou um inferno. Então, perguntou:

– Como agir diante de situação tão difícil?

Chico Xavier, expressando bondade, mas virando a cabeça para um lado e para outro, discordando, respondeu:

– *Não faça isso, minha filha, deixe seu marido beber com Deus, porque com essa sua atitude ele vai beber é com o diabo.*

Com mais tolerância, seguindo o conselho do Chico, não é que aquela esposa conseguiu o equilíbrio de sua união e o marido moderou bastante o vício do álcool?!

Narrando esse fato, lembramo-nos do capítulo 6 do quarto livro psicografado por Chico Xavier: *Crônicas de Além-Túmulo*

(1937, FEB), de Humberto de Campos, que conta bela lição, dada por entidade elevadíssima em resposta à pergunta do grande escritor brasileiro:

"... que podemos fazer para melhorar a situação no orbe terreno? O espetáculo do mundo me desola e espanta... A família parece que se dissolve... O lar está balançando como frutos podres na iminência de caírem... E, sobretudo, Mestre, é a perspectiva horrorosa da guerra... Não há tranqüilidade e a Terra parece mais um fogareiro, cheio de matérias em combustão..."

E o bondoso Espírito-ancião respondeu com humildade e brandura:

"– Meu filho... Esquece o mundo e deixa o homem guerrear em paz!..."

JESUS CRISTO – ESPÍRITO PURO

Nos últimos anos em que estava entre nós, Chico Xavier dizia que Jesus e Maria Santíssima, constante e seguidamente, se encontram aqui em nosso meio, nas cercanias do planeta.

Nosso Senhor é um Espírito Puro, co-Criador do orbe terrestre desde sua formação geológica. Jesus Cristo é um dos membros da Comunidade de seres angélicos do nosso Sistema Solar.[1]

Até a chegada do Consolador, em 1857, que é o Espiritismo, a Humanidade, por mais quisesse, não tinha noção pormenorizada sobre o Cristo.

Com Kardec, a Espiritualidade Superior trouxe a figura excelsa do Filho de Maria para o homem.

E com Chico Xavier, essa mesma Espiritualidade conduziu a Humanidade ao coração magnânimo do Divino Senhor.

Sabe-se hoje, com a segurança dos ensinamentos da Doutrina Espírita, que uma das atribuições dos Espíritos Puros é co-criarem os sistemas galácticos, ou seja, os sóis e os planetas.

---

[1] *A Caminho da Luz,* cap. I, FEB.

Os Espíritos Puros são os Ministros de Deus, nosso Pai Criador.

Sobre eles, aprendemos com Allan Kardec, na questão 113 de *O Livro dos Espíritos:*

"São os mensageiros e ministros de Deus, cujas ordens executam para a manutenção da harmonia universal."

Vejamos a opinião de Chico Xavier sobre o Senhor:

– *Nas rodopias do tempo, eu fui compreendendo que Jesus é realmente o Guia Espiritual da Humanidade, perante Deus, a quem nós chamamos, segundo o ensinamento dele mesmo, de Pai Nosso que está nos Céus.*[1]

---

[1] *Entender Conversando,* questão 47, IDE.

19 - *Nossa Senhora, Mãe de Jesus,* Vicente Avela e Chico Xavier/Emmanuel. Foto extraída do livro *Mediunidade na Bíblia – Telas famosas sob a Visão Espírita,* Hércio M. C. Arantes, IDE.

NOSSA SENHORA – MÃE DE JESUS

A veneração do Chico por Maria Santíssima contagiava os corações mais desalentados.

Quantas vezes o vimos atendendo a tantas mães em desespero, que o procuravam na esperança de receber dele o alívio. O médium falava dos poderes angélicos de Nossa Senhora, aconselhando-as a recorrer à Mãe das Mães.

No livro *Entender Conversando* (Questão 61, IDE), o Chico mostra-nos a sua fé por Maria:

– *Nossa Senhora foi sempre, na minha infância, uma tutora a quem eu me dediquei de coração. Muitos amigos, às vezes, acham que eu sou uma pessoa exagerada em minhas manifestações de fé religiosa, mas considero Nossa Senhora, a inesquecível Mãe de Jesus e Nossa Mãe na Cristandade, como sendo o vínculo maternal mais importante da Terra e a quem devemos recorrer em nossas necessidades, pedindo a ela proteção, misericórdia, auxílio, inspiração.*

Chico Xavier, o inolvidável benfeitor em 1.º de dezembro de 1984, transmitiu, do Espírito Emmanuel, um retrato falado de Maria de Nazaré ao fotógrafo e artista, Vicente Avela, de São Paulo.

Valiosos ensinamentos com CHICO XAVIER   147

A REENCARNAÇÃO DE EMMANUEL

Contava o Chico, antes de desencarnar, que Emmanuel lhe dizia:

– Assim que você chegar aqui, eu vou para aí e você verá o quanto é bom ser chamado a todo instante.

Ríamos junto ao Chico.

É... Segundo a promessa, o grande Espírito, Apóstolo do Cristo, Emmanuel, já se encontra reencarnado entre nós. Por mais que o procuremos, será muitíssimo difícil encontrá-lo.

Ele se revelará pela grandeza do seu trabalho em favor da humanidade, com certeza.

O próprio Emmanuel, em 1943, prefaciando o primeiro livro da extraordinária série de André Luiz, *Nosso Lar,* nos diz:

"Por vezes, o anonimato é filho do legítimo entendimento e do verdadeiro amor."

Portanto, observamos a importância das grandes almas passarem pelo mundo sem serem notadas, evitando dificuldades maiores para o reencarnante e problemas para seus familiares.

O LAR – A MAIS IMPORTANTE OFICINA DE TRABALHO

As peregrinações, aos sábados, às dezenove horas, que Chico Xavier realizava saindo da Comunhão Espírita Cristã, contavam com dezenas de pessoas vindas de todas as regiões do país. Umas quinze famílias carentes eram visitadas pela caravana do famoso médium. Ali, em cada lar, realizava-se o Culto do Evangelho, eram distribuídos gêneros alimentícios e, após a leitura de um texto evangélico, alguém da casa proferia a prece final.

O interessante é que também naquelas caminhadas, pessoas com problemas de toda espécie procuravam o Chico, rogando-lhe orientação, encontrando, na palavra amiga daquele servidor do Senhor, alento e direção para o caminho de paz.

Em uma dessas caminhadas, nos lembramos de um caso, dentre inúmeros que presenciamos: uma irmã atuante no Espiritismo aproxima-se de Chico e pede-lhe conselhos para a complicada situação em que se enchafurdara.

Tinha uns 49 anos e se enamorara por um jovem. Era bem casada e com filhos, mas se via presa de "amores" por um belo rapaz.

– Chico, como fazer?

O médium, sério e grave, respondeu:

– *Você quer que eu te ajude a destruir sua abençoada oficina de trabalho? E o seu lar? Pense bem! Você conhece o Evangelho...*

Nem mais uma palavra.

De outra feita, um marido ultrajado confiava ao Chico seu problema angustiante. A querida esposa abandonara a casa e os filhos, que chorosos diziam:

– Papai, a mamãe sumiu. O que vamos fazer?

Chico Xavier, atencioso, escutava revelando profundo respeito. Amorosamente falou:

– *Meu filho, ela, naturalmente, está muito doente.*

Observamos que o estimado benfeitor não ficou traçando normas de conduta como quem quer mostrar-se um orientador. Ele, nesses momentos, compreendia o sofredor. Com naturalidade, mantendo o equilíbrio, demonstrando confiança em Deus, soerguia aqueles que o procuravam.

Finalizando o assunto, nos lembramos do sábio Apóstolo de Jesus, Allan Kardec, quando nos diz:

"– A abolição do casamento seria o retorno à infância da Humanidade e colocaria o homem abaixo mesmo de certos animais que lhe dão o exemplo de uniões constantes."[1]

---

[1] *O Livro dos Espíritos*, questão 696.

67

ABOLIÇÃO DO CASAMENTO

Um outro caso de desequilíbrio sentimental observamos quando nos encontrávamos junto ao Chico.

Determinado confrade se encarregou de pedir opinião do médium missionário para um amigo espírita, orador e líder de determinado grupo doutrinário de capital distante. Assim falou:

– Chico, fulano de tal disse ter encontrado fora do casamento sua alma gêmea. Segundo ele, estão apaixonados. Mandou que eu lhe perguntasse como resolver tal situação.

Chico, contrariado, respondeu:

– *Olha, eu não sei não. Ele é que arranjou o problema, ele mesmo resolva.*

Allan Kardec, na questão 696, de *O Livro dos Espíritos*, pergunta:

"– Qual seria o efeito da abolição do casamento na sociedade humana?

– O retorno à vida animal."

Com o conhecimento espírita, compreende-se bem que o

homem da Terra ainda está animalizado nas questões da vida sexual.

O equilíbrio é a meta de todos, mas para tal, custar-lhe-á um preço altíssimo: doenças, inibições, mutilações, loucuras, desequilíbrios psicológicos... Vários tipos de frustrações... Tudo isso é o resultado da irresponsabilidade de conduta.

A monogamia é a característica das almas nobres.

68

NOSSAS IMPERFEIÇÕES

Sorrindo, Chico falava:

– *Nossas imperfeições são como uma onça selvagem. Por ainda não sermos virtuosos, de vez em quando precisamos jogar uma carninha para ela.*

Entendemos o dizer do querido amigo benfeitor, como ele mesmo uma vez já nos dissera: *"... tenho medo dos puritanos..."*, pois não devemos cair no desânimo por causa de nossa fragilidade. Nunca deixar de trabalhar na seara do bem, e nem adotarmos uma postura de santo.

Através da luta incessante contra nós mesmos é que atingiremos o necessário equilíbrio.

Naquele ambiente de muita descontração e alegria, Chico arrematou:

– *Mas não esqueçam, é só uma carninha, senão...*

RELACIONAMENTOS AFETIVOS

> *"... o amor e o sexo plasmam responsabilidades naturais na consciência de cada um e que ninguém lesa alguém nos tesouros afetivos, sem dolorosas reparações."*
>
> *Emmanuel*
> (*Sexo e Destino* – Prece no limiar)

Presenciamos um distinto professor perguntar ao Chico Xavier como ele via o desequilíbrio no relacionamento sexual da humanidade e até quando perduraria isso.

Atencioso, o Chico fez a seguinte observação:

– *Ah! Isso perdurará ainda por muito tempo. Nós vamos partir da Terra e, quando voltarmos, encontraremos esse desequilíbrio a nos desafiar. No uso indiscriminado das energias do sexo, a pessoa cansa e adoece, gerando conseqüências graves para o futuro. Pelo menos, por mais de setecentos anos continuará a humanidade a enfrentar o problema.*

Dentro do assunto, vale recordar o expressivo aviso de um mentor espiritual no livro *Sexo e Destino,* de André Luiz (médiuns F.C. Xavier e W. Vieira, Segunda Parte, cap. X):

"(...) perante o Evangelho, basta um homem para uma mulher e basta uma mulher para um homem."

Na verdade, as grandes causas das conseqüências desastrosas no relacionamento sexual das criaturas são a poligamia e as aberrações, gerando desequilíbrio mental e enfermidades físicas dolorosas.

O homem distanciado do Evangelho de Jesus, que lhe conduz à disciplina, se perderá irremediavelmente.

SOCORRO E DEFESA

E o Chico explicava:

– Se eu me desequilibrar a ponto de agredir os outros, por favor, peço aos meus amigos, que me acorrentem. Assim, ajudarão a me educar e não fazer mal ao meu semelhante.

Chico Xavier assim falava em resposta a um grupo de espíritas que não concordavam com a presença da polícia com rádio patrulha e soldados junto aos trabalhos em que o conhecido médium participava. E diziam:

– E a fé?

E o Chico afirmava:

– A polícia também é de Deus.

Os nossos prezados irmãos se esqueciam de que a Terra é um mundo expiatório. É preciso, sim, do soldado, para ajudar a manter a ordem e a segurança.

No capítulo 42 do livro *Nosso Lar,* o governador daquela Colônia fala da necessidade da defesa:

" 'Nosso Lar' precisa de trinta mil servidores adestrados

no serviço defensivo (...). Quem não sabe preservar, não é digno de usufruir."

Para finalizarmos, nos lembramos de que André Luiz achava que o serviço de socorro aos irmãos revoltados do Umbral deveria acolhê-los em suas organizações, no que explicou um dos experientes servidores da Colônia:

"André, acolhê-los em nossas casas seria o mesmo que expor monges orando junto a tigres selvagens. Alhures serão socorridos pela misericórdia de Jesus."

Verdade! E só Deus sabe como e quando!

AS REVELAÇÕES

Certa feita, presenciamos interessante conversa entre os estimados irmãos: Urbano, de Araguari, Peralva, de Belo Horizonte e Chico Xavier.

Urbano e Peralva falavam da dificuldade de se interpretar o Velho Testamento e o Chico confirmava:

– É muito simbólico, não é? Enigmático. Eu tenho dificuldade de entender.

Disse o Chico ter dificuldade... Mas explicava tudo.

Ao ouvirmos aquela proveitosa conversa entre os queridos irmãos de vanguarda do Movimento Espírita, nos lembramos do que a Doutrina, codificada por Allan Kardec, nos esclarece:

* Com Moisés, temos a Primeira Revelação de Deus aos homens – A Justiça;

* Com Jesus, a Segunda Revelação – O amor por excelência;

* Com Kardec, a Terceira Revelação – A verdade.

No centro de tudo, predomina o amor incomensurável de Jesus Cristo a nos dizer:

"Eu sou o Caminho, a Verdade e a Vida, ninguém irá a Deus senão por mim."[1]

---

[1] Recomendamos a leitura da mensagem "O Velho e o Novo testamento" recebida por Chico Xavier, em Pedro Leopoldo, em 1945, do livro *Coletânea do Além* (FEESP).

FATOS HISTÓRICOS

De 1963 a 1973, após as reuniões da Comunhão Espírita Cristã de Uberaba, descíamos com Chico Xavier até o centro da cidade. Na Praça Rui Barbosa, no Bar 1.001, tomávamos um lanche, um cafezinho. Ali, até altas horas ouvíamos o querido médium com sua palavra descontraída e rica de ensinamentos. Observávamos também que o estimado amigo fazia questão de nos ouvir.

Num daqueles belos momentos, o ouvimos explicar a respeito da participação das meninas que psicografaram *O Livro dos Espíritos* sob a direção de Allan Kardec. Segundo o Chico, após a conclusão do livro, elas foram viver a vida delas, constituindo família. Desligaram-se dos trabalhos mediúnicos, conquanto permanecessem espíritas e ligadas pelos mais sagrados laços afetivos ao Codificador e esposa.

O inestimável benfeitor se referiu também a Camille Flammarion, o célebre astrônomo e médium francês, que psicografou o capítulo VI do livro *A Gênese,* Uranografia Geral, assinado pelo Espírito Galileu, que, segundo o Chico, era o próprio Flammarion reencarnado. Naturalmente, o fenômeno de escrita se dava através do sonambulismo, fácil de entender segundo a explicação a respeito em *O Livro dos Médiuns*.

Na hora da psicografia, quando em transe, desdobrado no Plano Espiritual, tomava a personalidade de Galileu Galilei e escrevia usando o próprio corpo que lhe servira para a reencarnação.

Por ironia, quando mais velho, parou com a escrita considerando ser da sua própria cabeça o que escrevera. Seus outros livros eram realmente dos Espíritos, escritos quando o famoso astrônomo francês era mais jovem. Camille Flammarion sempre se manteve amigo de Kardec.

Finalizando mais essa história, observamos admirados como Chico Xavier conhecia e descrevia com detalhes a vida íntima dos personagens que compartilharam com Kardec na organização da Codificação do Espiritismo. Detalhava, inclusive, vários locais e acontecimentos importantes daquela época profícua para a humanidade.

O ESPÍRITO DE VERDADE E ALLAN KARDEC

"Venho, como outrora, entre os filhos desgarrados de Israel, venho trazer a verdade e dissipar as trevas."

(O Espírito de Verdade – Paris, 1860 –
O Evangelho Segundo o Espiritismo – VI, 5)

Esta mensagem, inserida em *O Evangelho Segundo o Espiritismo,* originariamente está contida no capítulo XXXI, Dissertações Espíritas, item IX, de *O Livro dos Médiuns.* Mais adiante, a elevadíssima entidade adverte: "Ouvi-me. O Espiritismo, como outrora a minha palavra, deve lembrar aos materialistas que acima deles reina a verdade imutável".

Em nota explicativa da mensagem, Kardec comenta:

"Esta comunicação, obtida por um dos melhores médiuns da Sociedade Espírita de Paris, foi assinada com um nome que o respeito nos não permite reproduzir, senão sob todas as reservas, tão grande seria o insigne favor da sua autenticidade e dela se há muitas vezes abusado demais, em comunicações evidentemente apócrifas. Esse nome é o de Jesus de Nazaré".

162   *Valiosos ensinamentos com CHICO XAVIER*

Portanto, caro leitor, como vemos, o próprio Jesus presidiu entre nós a instalação do Espiritismo, assistindo de perto o seu apóstolo Allan Kardec, para que a Humanidade recebesse aquele Consolador Prometido por Ele mesmo, conforme a afirmação de João Evangelista.

20 - *Chico Xavier e Waldo Vieira em visita ao túmulo de Kardec, em Paris, França.* (foto cedida pela AME de Uberaba -MG)

SOBRE A VOLTA DE ALLAN KARDEC

Saulo, após o encontro sublime com Jesus, às portas de Damasco, em pleno deserto, com sol a pino, ao iniciar o seu trabalho na divulgação do Evangelho do Senhor, lembra que o Cristo permaneceu em nosso meio sem que o percebêssemos.

Para atender à convocação do Messias era preciso que ele, um rabino, abandonasse o mundo velho das convenções e falsas superioridades.

Tomaria o tear com humildade. Alegrava-se ao recordar que o Mestre não desdenhara, por sua vez, o banco de carpinteiro.[1]

Dezenove séculos se passaram e, na instalação do Consolador Prometido, lembramos que se o próprio Senhor afirmara a Kardec[2] de seu retorno breve para complementar a obra, naturalmente também o Codificador, em sua nova reencarnação, passaria por aqui no anonimato, para não causar confusão e bastaria a singela profissão de auxiliar administrativo da Fazenda Modelo de Pedro Leopoldo.

---

[1] *Paulo e Estêvão*, Segunda Parte, Cap. II, FEB.

[2] *Obras Póstumas*, Segunda Parte, Minha Volta, 10/06/1860.

Há irmãos nossos, espíritas, que não aceitam ser Chico Xavier o próprio Allan Kardec reencarnado. E assim sendo ficamos a pensar: "E não é que um povo, dos mais cultos da humanidade, até nos dias de hoje, não aceita que Jesus Cristo seja aquele Messias prometido pelo profeta Isaías?"[1]

Meditando nesses fatos de tamanha magnitude, recordamos a rogativa de Jesus a Deus:

"– Graças te dou, Pai, por teres ocultado estas coisas aos sábios e doutos e as teres revelado ao pequenos e humildes." *(Mateus 11:25)*

---

[1] *Antigo Testamento,* Isaías, Cap. 53.

LAR DE IDOSOS

"Asilo de velhos", popularmente como são chamadas essas instituições assistenciais. Prestam valorosos auxílios a tantas criaturas das mais necessitadas que são os homens da terceira idade. Às vezes, tão desprezados pela sociedade, inclusive pelos próprios familiares.

Amigos espíritas, diretores de uma dessas instituições beneméritas, enfrentavam graves problemas. Acontece que inúmeros internos da casa eram relegados pelos seus familiares, que os deixavam ali e sumiam.

Os responsáveis pela Casa começaram a devolver alguns internos para os seus parentes, mas alguém da instituição discordou daquela atitude.

Nesse impasse procuraram Chico Xavier. Expuseram-lhe toda a problemática, recebendo dele a seguinte orientação:

– *Eu acho que vocês estão agindo da maneira correta. Não devemos interferir no destino dos outros. A responsabilidade é dos parentes e não de vocês.*

– Chico, não será falta de caridade agir assim?

– *Eu acho que não. Será que eles não precisam dessa prova? Da reconciliação, da reaproximação?*

– Mas, Chico, tem parentes que não aceitam a devolução dos seus. Como fazer?

O amigo orientador, de maneira grave e com energia, disse:

– *Chamem a polícia. Eles têm obrigação de cuidar deles. Façam assim.*

Meu Deus, ouvindo tudo aquilo, pensei em como é difícil prestar assistência com acerto.

Naquele encontro ainda foi comentado que casas como aquelas são bênçãos do Céu na Terra.

Para melhor nos inteirarmos da complexidade do assunto, meditemos nas sábias palavras de Emmanuel sobre discernimento:

"Não somente ajudar, mas também discernir. O discernimento é a luz que nos ensina a fazer bem todo o bem que precisamos fazer."[1]

---

[1] *Seara dos Médiuns,* Francisco Cândido Xavier, Cap. 62, FEB.

21 - Chico Xavier durante um trabalho de assistência fraterna.

EMMANUEL NA OBRA DE CHICO XAVIER

"Mas a sabedoria que vem do alto é primeiramente pura, depois pacífica, moderada, tratável, cheia de misericórdia e de bons frutos, sem parcialidade e sem hipocrisia."

(*Tiago*, 3:17)

O lúcido mentor de Chico Xavier, Emmanuel, comenta a epístola de Tiago:

"Examina, pois, as páginas de teu contato com o pensamento alheio, diariamente, e faze companhia àquelas que te desejam elevação."

"Toda página escrita tem alma e o crente necessita auscultar-lhe a natureza. O exame sincero esclarecerá imediatamente a que esfera pertence, no círculo de atividade destruidora no mundo ou no centro dos esforços de edificação para a vida espiritual."[1]

Na comemoração dos quarenta anos de atividade mediúnica do Chico, em 1967, Roque Jacintho, conhecido escritor espírita de

---

[1] *Pão Nosso,*Cap. 14, FEB.

Valiosos ensinamentos com CHICO XAVIER

nosso país, editou *Chico Xavier – 40 anos no Mundo da Mediunidade*[1]: obra magnífica com a colaboração de vários escritores espíritas de renome na riquíssima literatura da Doutrina Espírita.

Na parte VII, item 5 do referido livro, Wallace Leal V. Rodrigues comenta de maneira brilhante o trecho que se refere ao "sábio e reservado" Espírito Emmanuel. Vale a pena reproduzir o que o saudoso Wallace escreveu. Vejamos:

> "Emmanuel é o maior vulto da psicografia de Francisco Cândido Xavier e – perdoem-nos a franqueza! – o maior vulto da psicografia universal. Entre centenas de colaboradores, é o único que dá seqüência exata à revolução deflagrada por Allan Kardec. Todos os outros são subsidiários e não nos parece ocasional que lhe coubesse, por ocasião dos diversos centenários das obras da Codificação, conotações como *A Religião dos Espíritos, A Justiça Divina, Seara dos Médiuns* e *Livro da Esperança*. Como Kardec, é humanista e cristão, mas, para ele, abrem-se as portas ignoradas, mais antigas que o humanismo clássico e até mais antigas do que o próprio Cristianismo. Tal como, para Kardec, as fontes esquecidas do Gênio Céltico.
>
> A obra cosmológica de Emmanuel é cume na centenária história do Espiritismo e o seu estilo pode ser adjetivado por sublime: une a beleza estética à beleza moral."

---

[1] Editora "Luz no Lar".

NEGÓCIOS MATERIAIS

Retirávamo-nos com Chico Xavier da Casa Espírita rumo à Vila dos Pássaros para a realização da tarefa de assistência às famílias mais carentes, quando uma senhora, ainda moça, se coloca à sua frente e diz-lhe:

– Senhor Chico Xavier, eu vim até aqui em busca de um conselho. Estou muito indecisa quanto a realizar ou não um negócio material. O que o senhor acha?

E o bondoso amigo dos bons Espíritos, com um leve sorriso, segurou-lhe as mãos como se fosse uma filha e disse:

– *Gente, esse povo acha que eu sei todas as coisas, mas eu não sei nada, não.*

E olhando-a com alegria, prosseguiu:

– *Eu também, minha filha, vou lá embaixo[1] e realizo os meus negócios e Emmanuel não fica dando palpites para não tolher o meu espírito de iniciativa, senão...*

_____

[1] "Lá embaixo" – termo usado em Uberaba para designar o centro da cidade que, como em Roma, é cercado por sete colinas. Chico Xavier sempre se dirigia às casas comerciais, bancos, correio e supermercados, como toda pessoa normal. Jamais se valia de outrem para fazer por ele as obrigações de cidadão que lhe cabiam. Chico Xavier viveu junto ao povo, não se confinava.

Prestimoso, o Chico ainda falou:

– *Nos momentos atuais precisamos redobrar os cuidados para as transações materiais e evitar precipitações, complicando a nossa vida.*

Sorriu e convocou:

– *Vamos, o trabalho nos espera.*

A moça, após ouvi-lo, ficou radiante de contentamento e comentou:

– É, o Chico disse que não sabe das coisas... Imaginem, então, se soubesse!

E nós, rumo ao trabalho na Vila, lembramo-nos do Apóstolo Paulo em sua Carta aos Hebreus (13:5) quando recomenda:

"Sejam vossos costumes sem avareza, contentando-vos com o que tendes, porque ele disse: Não te deixarei, nem te desampararei."

NOTÍCIAS DE MARTA E MARIA, AS IRMÃS DE LÁZARO, O RESSUSCITADO POR JESUS

"Marta – a santa da atividade – e Maria – a santa da meditação – constituem ali dois apelos evangélicos palpitantes para que o espírito feminino, inspirando-se na ação e na oração, no esforço prático e no trabalho espiritual, colabore na renovação do homem moderno, triste 'Lázaro' da inteligência, sepultado no abismo da impiedade e da ignorância, da ruína e da morte, requisitando o socorro de suas irmãs para que o Mestre, seu divino Amigo, venha reencontrá-lo para restituir-lhe os dons da vida eterna." Emmanuel – 19/1/1946[1]

Relembrando a história, pensamos: Lázaro, o querido irmão de Marta e Maria, a partir daquele memorável acontecimento em que fora arrancado das trevas da morte pelo Divino Senhor, nunca mais permitira que o seu Espírito Eterno voltasse ao sepulcro perecível destinado ao homem brutalizado e distanciado do amor incomensurável do Pai Criador.

---

[1] Extraído do livro *Deus Conosco*, Emmanuel / Chico Xavier, Ed. Vinha de Luz.

A ESMOLA

Na questão 888 de *O Livro dos Espíritos,* Allan Kardec pergunta aos veneráveis Espíritos da Codificação se eles reprovam a esmola, obtendo a expressiva resposta:

– "Não, não é a esmola que é reprovável, freqüentemente, é a maneira pela qual é feita."

Interessante explicação ouvimos de Chico Xavier a respeito do assunto em um daqueles formidáveis momentos: já altas horas da noite, nas dependências da cozinha da Comunhão Espírita Cristã, em Uberaba, após os trabalhos normais da casa, guardamos na memória as palavras do inolvidável amigo:

– *Sempre, quando saio de casa, procuro levar em meus bolsos alguns trocados. Na rua, quando um irmão nos pede alguns miúdos, vejo os Espíritos que os acompanham. Os bons ficam felizes quando os tratamos bem e, tristes, quando somos ásperos. Contudo os mais inferiores se revoltam com a nossa negativa descaridosa e emitem vibrações de ódio que podem nos fazer mal.*

Após breve silêncio completou:

– *Eu acho que quem pede merece respeito.*

Quando ouvimos mais essa lição de Chico Xavier, nos lembramos de Paulo, o Apóstolo da Gentilidade, a nos dizer em sua epístola:

"... a caridade não suspeita mal;"

(I Coríntios, 13-5.)

80

LIÇÃO DE RESPEITO

Em uma bela noite, ao nos aproximar da Casa Espírita, recebemos uma mensagem impressa distribuída com alegria por distinta senhora. A mensagem era do seu filho, psicografada por Chico Xavier. No verso estava inscrito um agradecimento nestes termos:

"Ao grande médium Chico Xavier o nosso agradecimento.

Que Deus o abençoe pelo amparo e consolo que traz a tantos corações sofridos."

O estimado amigo que me acompanhava, ao ler a mensagem do jovem desencarnado que recebera com carinho das mãos daquela mãe, admoestou-a:

– Vocês escreveram isso aqui: ao grande médium?! Não façam isso. Está errado. O Chico não gosta.

Aquela mãe, ao ser advertida, ficou triste e, desapontada, falou:

– Mas é de coração o que escrevemos, jamais pensamos em idolatrar o Chico.

Retiramo-nos rumo ao salão da reunião e, quando defrontamos com o Chico, ele olhou-nos de maneira séria. Dirigindo-se ao meu companheiro, falou:

– *Grande, fulano!*

O nosso amigo ruborizou-se. De pronto entendeu o porquê daquela atitude do Chico. Exaltado, respondeu:

– Grande? Isso não está certo. Lá fora, agora mesmo, chamei a atenção de uma mãe...

Mas o Chico cortou-lhe a palavra com sua autoridade moral e retrucou:

– *Ora, por que não? Para mim você é um grande amigo.*

Agitado, o nosso irmão queria discutir, mas o Chico, retirando-se para o seu lugar de trabalho, falou:

– *Se você quiser eu conto para vocês a história dos baixinhos.*

Naquele momento o meu companheiro, zangado, retirou-se. Então, o Chico falou:

– *Contarei a história para vocês: Numa sessão mediúnica, os componentes do trabalho chamavam todos os Espíritos que comunicavam de baixinhos e diziam que o baixinho comunicou, o baixinho veio e falou, os baixinhos estiveram lá... Mas acontece que um dia comunicou um Espírito e muito sério disse: Sabem por que eles nos chamam de baixinhos? Não? Porque eles se julgam os altinhos.*

Encerrando o caso, Chico Xavier afirmou:

– *Eu tenho grandes amigos. Grandes companheiros. Conheço grandes mães, pais, professores e trabalhadores. Para mim são grandes.*

Após o incidente, o companheiro e amigo refez-se dizendo.

– O Chico está certo. Aprendi a não dar opinião sem ser solicitado. Deu-me uma lição de gratidão e respeito à idéia do próximo.

Mais calmo, o amigo procurou aquela mãe humilde, pediu-lhe desculpas. E ela, sensibilizada, beijou-lhe as mãos. [1]

De volta aos nossos lares, comentamos:

– É incrível! Muito antes de chegarmos, o Chico já sabia do que falávamos. Sua capacidade mediúnica é impressionante.

Concluindo, meditemos com André Luiz[2]:

"O amigo é uma bênção que nos cabe cultivar no clima da gratidão."

---

[1] Aquela mãe já recebeu várias cartas de seu amado filho por esse nosso irmão, seguro médium psicógrafo.

[2] *Sinal Verde*, André Luiz / Francisco Cândido Xavier, CEC.

22 - Chico Xavier em reunião pública na Comunhão Espírita Cristã, de Uberaba (MG).

81

OS EXILADOS DO PLANETA

Em conversa fraterna com Heigorina Cunha[1], distinta amiga, médium espírita da cidade de Sacramento (MG), comentávamos sobre os momentos de dificuldades por que passa a humanidade.

Aquela companheira contou-me interessante conversa que tivera com Chico Xavier:

"– Ao me aproximar, após cumprimentá-lo, disse-me:

– *Heigorina, você também escuta o choro e as lamentações deles, não escuta?!*

– De quem Chico? Não estou entendendo.

E ele explicou:

– *Os espíritos rebeldes ligados ao mal estão sendo excluídos da Terra. Com a permissão de Jesus, os Benfeitores Espirituais os levam para a Lua. De lá são conduzidos para mundos bem mais inferiores que o nosso. Mediunicamente, ouço o choro deles.*

Observando o meu espanto, ele concluiu:

– *A Lua é uma plataforma da Terra. Você também escuta os lamentos, não é?...*

---

[1] Autora dos livros: *Cidade no Além* e *Imagens do Além*, IDE.

– Não, Chico. Não escuto nada."

Raciocinando sobre a surpreendente fala de Chico Xavier, comentamos com a amiga:

– Naturalmente que os Espíritos Superiores incumbidos da tarefa de tamanha seriedade e elevação promovem o chamado *restringimento do perispírito* daquelas almas. No seu livro *Imagens no Além,* no capítulo sete, Chico comenta, que para a *miniaturização* do corpo espiritual do Espírito de categoria inferior, tratando-se de reencarnação compulsória, o processo é mais lento, leva mais de ano para completar o restringimento.

Após aquele proveitoso encontro com Heigorina, refletimos:

Com os ensinos da Doutrina Espírita, aprendemos que, para mudarmos de planeta, teremos que nos revestir da matéria do mundo que nos receberá.

Conforme nos explica Allan Kardec, em *O Livro dos Espíritos,* pergunta 56: "A constituição física dos diferentes globos é a mesma? Não, eles não se assemelham de forma alguma."

Emmanuel, no livro *A Caminho da Luz* (FEB), capítulo XXIV, nos relata: "Ficarão no mundo os que puderem compreender a lição do amor e da fraternidade sob a égide de Jesus, cuja misericórdia é o verbo de vida e luz, desde o princípio."

Encerrando assunto tão delicado, vejamos ainda o que nos diz Kardec: "... para que os homens sejam felizes sobre a Terra... uma grande emigração se cumprirá entre aqueles que a habitam; aqueles que fazem o mal pelo mal, e que o sentimento do bem *não toca,* não sendo mais dignos da Terra transformada, dela serão excluídos..."[1]

---

[1] *A Gênese*, cap. XVIII, item 27, IDE.

82

UM FATO INSÓLITO

Hoje, 10 de março de 2007, nos lembramos de um fato ocorrido há mais de trinta anos. Vejamos:

Em um domingo, 1.º de abril de 1973, nos encontrávamos junto a Chico Xavier, numa fazenda próxima a cidade de Araguari.

A sede da fazenda, uma casa das mais antigas, construção rústica, sem forro, ficando à mostra um telhado muito velho, o assoalho de madeira e, embaixo, o porão. Tudo muito antigo. Naquela casa penetrava ar em abundância trazendo o perfume das flores do campo. Pelas janelas e portas entravam os raios de sol dando ao local luz agradável, simples e muito aconchegante.

O motivo daquele encontro é que ali seria oferecido, pelos queridos confrades, um almoço fraterno em comemoração à solenidade, que acontecera na noite anterior, de entrega do título de Cidadão Honorário de Araguari ao Chico Xavier, outorgado pela Câmara dos Vereadores daquela promissora cidade triangulina.

No entanto, o que queremos registrar é o fato que ouvíramos, perplexos, de Chico Xavier em conversa com Martins Peralva, conhecido escritor espírita.

– Chico, li o livro do autor oriental que você me recomendou. Um fato me intrigou bastante, pois um personagem da história morre e um outro Espírito é ligado ao seu corpo e passa a viver aqui na Terra, enquanto que o Espírito do que morreu se desliga e vai para a Espiritualidade. Isso é uma troca de Espíritos que contradiz a Doutrina Espírita. Em *O Livro dos Espíritos* não encontramos tal afirmação. E aí, Chico, como ficamos?

O lúcido médium, calmo e com a segurança de quem sabe o que fala, disse:

– *Não, Peralva. O fato não contradiz os ensinamentos da nossa Doutrina, não há contradição naquele relato contido no livro do autor do Oriente.*

– Acho impossível que uma pessoa venha a desencarnar e um outro Espírito seja ligado ao corpo morto, e a este reanime, e passe a viver entre nós. Como pode ser isso? – argumentou o autor do livro *Estudando a Mediunidade* (FEB).

O Chico, após ouvi-lo com atenção, enfatizou:

– *Olha, gente, vou dizer a vocês: existem revelações da Espiritualidade Superior que surgiram no Oriente e que, por enquanto, não podem ser transmitidas para o Ocidente, nem mesmo por Kardec. Não se assustem, mas é isso mesmo. As coisas, às vezes, parecem ser impossíveis. Por exemplo: eu chego aqui nesta fazenda, que é bem rústica e antiga, para ver se se pode instalar energia elétrica. Com meus poucos conhecimentos, eu observo e falo que é impossível pôr eletricidade. Porém, vem um engenheiro, faz um estudo e diz: –É possível sim. Nessa casa pode pôr eletricidade. E põe!!!*

Todos nós ficamos impressionados com o que ouvimos do Chico.

Após aquele diálogo, alguém comentou:

23 - *Em Araguari, MG, em 1º de abril de 1973, na fazenda onde foi oferecido um almoço fraterno, vemos Chico Xavier ao lado dos seguintes confrades: Rolando Ramacciotti, Dona Tarcila Evangelista, Leodolfo Evangelista, Dona Nair, Walter Barcelos, Marli Beninato e Cezar Carneiro de Souza.*

– Chico, se isso é possível, para que haja troca de Espíritos e não haja rejeição, é necessário que sejam almas irmãs e se afinem em sintonia quase perfeita, não é?

O Chico, num aceno com a cabeça, pareceu concordar e encerrou o assunto.

De retorno a Uberaba, encontrei-me com um amigo e culto escritor espírita. Narrei-lhe o fato e ouvi dele que há muito o Chico lhe falara dessa história, dizendo-lhe ainda, conhecer uma pessoa numa cidade do interior de Minas Gerais, que era alguém protagonista de tal acontecimento tão insólito.

Encerrando mais um caso com o nosso sábio e querido Chico Xavier, lembramo-nos da fala de Allan Kardec, em *O Livro dos Espíritos,* questão n.º 19 que diz:

"Quanto mais é dado ao homem penetrar nesses mistérios mais cresce sua admiração pelo poder e sabedoria do Criador..."

83

BENEFÍCIOS DA PRECE

E o assunto junto ao Chico versava sobre a importância da prece em nossa vida...

O nobre amigo, carinhosamente, lembrava-se da querida mãezinha, Dona Maria João de Deus. Na hora da meninada ir para a cama, todos se reuniam e ela os ensinava a orar a Deus em agradecimento pela vida.

E com muito amor comentou:

– *A prece nos acalma e nos protege. Em* O Livro dos Espíritos, *Kardec nos fala que ela atrai para junto de nós os bons Espíritos. Pode consultar lá no livro, está escrito.[1] E vou dizer pra vocês, quem não faz prece na hora de dormir, os Espíritos dormem com ele.*

Nossa querida irmã Neusa Arantes, surpresa, perguntou:

– Como assim? Dorme aonde?

E o Chico, peremptório, respondeu:

---

[1] *O Livro dos Espíritos,* questão 660.

– *Uai! Na cama, ao lado da pessoa.*

Todos sorrimos e o inesquecível médium, de maneira alegre, lembrou do Apóstolo Paulo quando diz que estamos cercados por uma nuvem de testemunhas, do bem e do mal.

Retiramo-nos agradecidos a Deus por tão sábio e querido amigo, nosso Chico Xavier.

84

DOIS CASOS PITORESCOS

Era mais uma bela reunião, por volta da meia-noite, no ano de 1976. Na varanda do Grupo Espírita da Prece sorríamos com as histórias contadas pelos saudosos Chico Xavier e Jerônimo Mendonça.

Chico explicava sobre as situações constrangedoras por que passou algumas vezes em que compareceu a cerimônias religiosas, como casamentos. Nas igrejas, após as solenidades, as pessoas faziam filas para cumprimentá-lo. De outras vezes, deixavam os noivos quase que sozinhos e se dirigiam até ele. E com um leve sorriso dizia:

– *Tudo aquilo me contrariava deixando-me constrangido. Mas, eu não podia deixar de prestigiar pessoas amigas que me convidavam para assistir seu casamento.*

Ouvindo o Chico contar, Jerônimo Mendonça, exímio orador espírita e trabalhador na seara de nossa Doutrina, contou que com ele a coisa era diferente. Então, Chico pediu:

– *Conta para nós, Jerônimo.*

– Pois é, no meu caso era muito engraçado[1]. Algumas vezes em que compareci a um velório, me colocavam na sala do morto e algumas pessoas vinham e depositavam flores por todo o meu corpo achando que eu era o defunto.

Ouvindo o amigo, Chico riu à solta e comentou:

– *É, o nosso Jerônimo ainda tinha que ter cuidado para não conversar, senão assustaria as pessoas.*

– É, Chico, mas, às vezes, não tinha jeito não. Aquele pozinho das flores no meu nariz me incomodava e você pode imaginar a minha situação. Mas os amigos me encarregavam de fazer uma breve preleção e prece e tudo se esclarecia.

Assim, narramos mais um acontecimento junto àquele dileto servidor de Nosso Senhor Jesus Cristo.

Aquelas reuniões cristãs deixaram imorredouros momentos de felicidade aos corações de todos os que tiveram oportunidade de estarem próximos de um verdadeiro seguidor do Senhor que era o nosso Chico Xavier.

---

[1] Jerônimo proferia palestras por todo o Brasil, viajando em sua cama personalizada, na qual permaneceu por 30 anos até sua desencarnação, em novembro de 1989, aos 50 anos de idade. (Fundação Espírita Jerônimo Mendonça)

85

EM BUSCA DA CURA

Em 1975, um pai aflito nos procurou dizendo-se bastante preocupado com a saúde de sua filhinha.

A criança tinha complicações urinárias. Há mais de um ano em tratamento médico sem obter um bom resultado. Procurara, também, vários médiuns de cura, não obtendo resultado satisfatório. Pediu-nos acompanhá-lo ao Chico Xavier.

Junto ao querido médium que se dirigia para o Culto do Evangelho, o amigo explicou toda a situação da querida filha enferma. Após ouvi-lo com carinho e atenção, aconselhou:

– *Paulo, meu filho, você vai fazer o seguinte: leve a nossa criança até Campinas (SP). Lá, procure o doutor fulano de tal, ele é ótimo médico, humanitário e bom cirurgião. Pode dizer a ele que eu o indiquei.*

O Chico expressava tanta vibração de otimismo e confiança que aquele pai, tocado de emoção, agradeceu em lágrimas.

O caro médium, com humildade e brandura, em tom contagiante de fé, concluiu dizendo:

– *Vamos confiar. Quando é para curar mesmo, Deus cura*

até através de uma gota d'água, de uma pequena folha!... Vá a Campinas. Acho mesmo que o médico amigo vai devolver a saúde à sua filhinha.

Não deu outra, tudo aconteceu como o Chico previra.

O médico aconselhado conseguiu, através de complicada cirurgia, resolver o problema daquela criança.

86

PRESENÇA DE EMMANUEL

Ouvíamos com atenção a fala de Chico Xavier explicando que, às vezes, se entristecia ante as incompreensões.

Relembrando aquela noite, vejamos a bela lição que os amigos da editora IDEAL, de São Paulo, colocaram no livro *Nossos Momentos com Chico Xavier,* cap. 31, de Oswaldo Godoy Bueno:

"Chico, certo dia, estava muito triste. As pessoas que iam procurá-lo cobravam alguma ajuda e, às vezes, ainda o criticavam.

Ninguém ia procurá-lo para perguntar como ele estava ou se precisava de alguma coisa.

– *Como me criticam! Sei que erro bastante, mas podiam parar de me bater tanto...*

Por essa tristeza, então, Emmanuel aproximou-se dele e perguntou o que estava acontecendo.

Chico respondeu que estava apanhando muito e Emmanuel lhe fez outra pergunta:

– Você está contente com minha presença?

– *Ah, sim! Com o senhor eu estou contente.*

– Pois então – redargüiu Emmanuel –, enquanto você estiver apanhando, eu estarei ao seu lado. O dia que você estiver batendo, pode crer, você vai estar só."

ADVERTÊNCIA DO BENFEITOR

Assim falou Chico Xavier, certa noite, naquelas iluminadas tertúlias evangélicas:

— *Nos meus contatos com as pessoas, quando sou áspero, mal educado para com elas, no momento das minhas orações, preparando-me para o repouso do sono, Emmanuel aparece e me repreende com energia.*

Após breve silêncio, finalizou:

— *Ele fica zangado e diz que eu não tenho o direito de ofender aqueles que Jesus permite se aproximem de mim.*

Meditando na advertência do lúcido mentor espiritual, afirmamos: Ninguém procura alguém para ser maltratado. Segundo o Evangelho, perante Deus, não existe uma só criatura que seja desprezível.

Concluamos com Kardec:

"Sede indulgentes para com as faltas de outrem, quaisquer que sejam..."

(João, bispo de Bordéus, 1862,
O Evangelho S. o Espiritismo, Cap. X, item 17.)

88

A PROTEÇÃO

Urbano e Ondina, valorosos trabalhadores espíritas de Araguari, acompanhando Chico Xavier, seguiam rumo à Vila dos Pássaros para o Culto do Evangelho ao ar livre. Além dos comentários doutrinários, distribuíam pães, leite, alimentos, roupas e alguns trocados a uma multidão de irmãos necessitados.

Na saída do Grupo Espírita da Prece, Chico ladeado por duas companheiras que o amparavam por causa da forte chuva, olhando para o companheiro araguarino disse:

– *Está vendo, Urbano, o guarda-chuva que nos protege é a nossa assistência social.*

O querido irmão, muito feliz, comentou:

– A sabedoria do Chico é impressionante. Das coisas mais simples ele tira grandes lições. É verdade... Nas tempestades da vida, o que nos protege é a caridade. Sem a prática do bem estamos perdidos. As obras se tornam estéreis. O Chico tem razão, a assistência fraterna é o nosso guarda-chuva protetor.

Diante de momentos assim, de imensa alegria e aprendizado, ficamos a meditar no ensinamento evangélico:

"– Se é verdade que as obras sem ideal são primorosas esculturas da arte humana, sem o calor da vida, a fé sem obras, segundo já nos asseverava a palavra apostólica, há quase dois mil anos, não passa de um cadáver bem adornado."

(Emmanuel, F. C. Xavier, *Dicionário da Alma* – FEB)

E não é que o Chico estava com a razão? A assistência fraterna é o nosso guarda-chuva protetor.

MENSAGENS AOS JOVENS

O período infanto-juvenil é para o Espírito reencarnado um tempo dos mais importantes em aquisição de valores morais para a vida eterna.

Chico Xavier, por inúmeras vezes em que fora entrevistado, deixou valiosos ensinamentos educativos para a infância e a juventude.

Vejamos:

"– A juventude de hoje quer um mundo melhor, e um mundo melhor para ser melhor há de se inspirar no Cristo, porque o Cristo é a Verdade e é o Amor." [1]

"– Sempre acreditei que sem estudo e disciplina, trabalho e responsabilidade é impossível construir um futuro melhor para a comunidade humana." [2]

Os excelentes livros de entrevistas com Chico Xavier fazem-nos recordar do livro de Allan Kardec, *Viagem Espírita em 1862*. Vale a pena estudá-los.

---

[1] *Entrevistas,* questão 79, IDE.

[2] *Entender Conversando,* questão 170, IDE.

24 - *Chico Xavier e o jovem amigo Luiz Fernando,*
de Campo Grande (MS).

90

A CRIANÇA

Sonia Barsante Santos, dedicada trabalhadora espírita, responsável pelo setor infanto-juvenil da Aliança Municipal Espírita de Uberaba, perguntou ao Chico Xavier sobre a importância do Curso Pré-Mocidade, obtendo a seguinte resposta:

– *"... nós vemos no Curso Pré-Mocidade uma iniciativa das mais edificantes, porque o Curso encontra os nossos companheiros reencarnados entre a infância e a juventude, num período em que nós acreditamos seja mais proveitosa a aplicação de normas educativas capazes de auxiliar a criatura durante a sua encarnação na Terra."* [1]

Meditemos, ainda, em outras observações do Chico:

"Os pais são educadores responsáveis e, por isso mesmo, a primeira escola de cada criatura é o lar em que nasceu."

"... precisamos considerar em Doutrina que acima dos maiores delinqüentes permanecem os pais levianos e voluntariamente irresponsáveis." [2]

---

[1] A Terra e o Semeador, questão 61, IDE.
[2] Encontros no Tempo, questão 44, IDE.

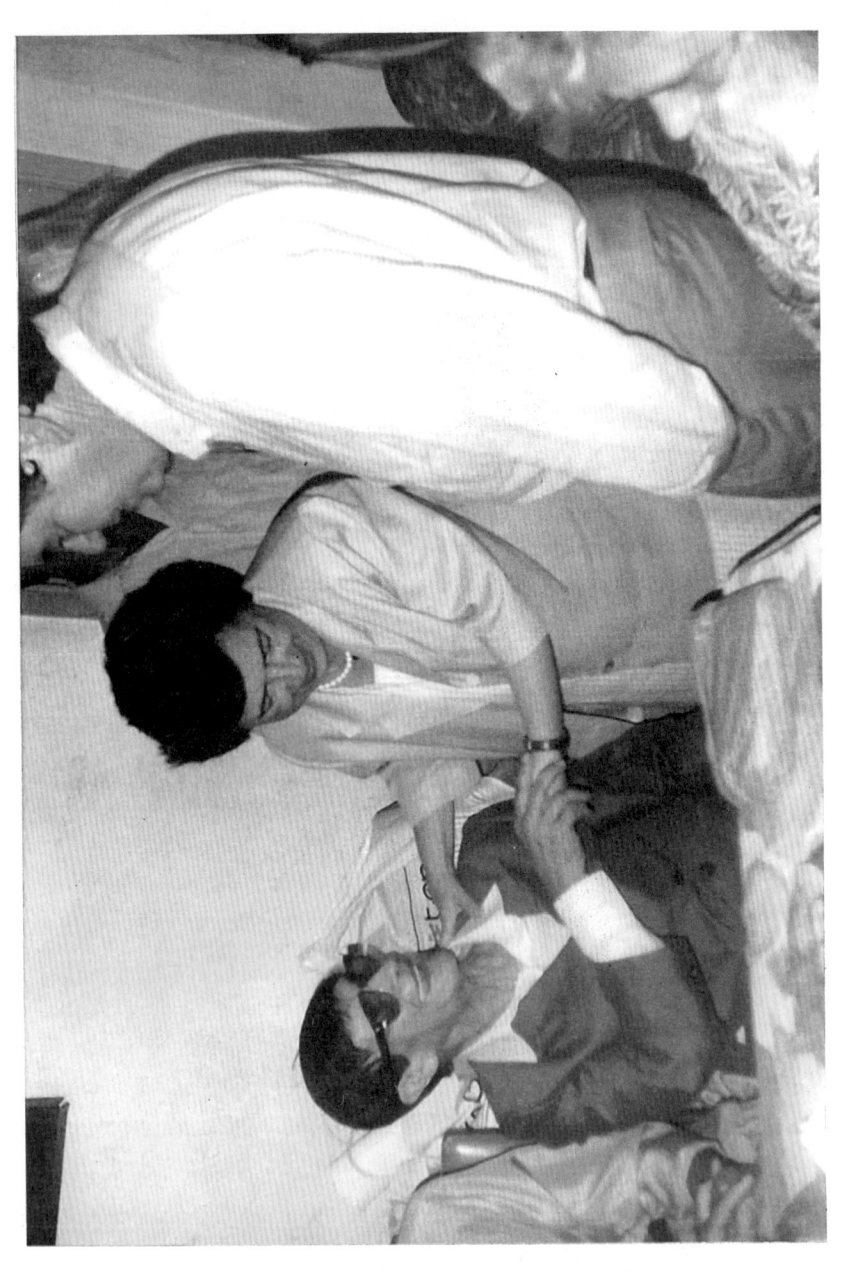

25 - Sylvia Barsante e Ariovaldo dos Santos,
mãe e esposo de Sônia Barsante, cumprimentando o Chico.

DOAÇÃO GENEROSA

Responsáveis pela construção de uma igreja visitaram Chico Xavier. Entraram na fila de atendimento em que o caro médium ouvia as pessoas em suas necessidades. Aconselhava-as obedecendo a orientação de Emmanuel, segundo ele.

Quando de frente ao Chico, notei que ele, humilde, beijou a mão da madre superiora e disse:

– *Mas que honra para nós, aqui da nossa Casa! A presença da senhora nos alegra. Em que eu posso servir?*

Notei que aquela religiosa, responsável por grande comunidade católica, se emocionou com a atitude do Chico. Com simplicidade, ela falou:

– Eu sei que o senhor é um cristão muito generoso, por isso viemos pedir-lhe uma ajuda para a nossa igreja. Precisamos acabar a construção e está faltando só o piso. Estamos colocando o melhor, é granito. Mas acabou o dinheiro.

O Chico, de maneira respeitosa, espontaneamente se colocou como um servo da distinta freira, dizendo:

– *Eu sei da grande responsabilidade da senhora. Sei também da ajuda que vocês prestam a uma multidão de fiéis. Eu tenho o maior prazer em colaborar com a construção da igreja. A nossa casa espírita não tem recursos disponíveis para ajudar porque o trabalho assistencial absorve todo o dinheiro da nossa entidade.*

O querido amigo após uma breve pausa, colocou a mão no bolso do seu paletó e retirou, discreto, uma boa quantia de dinheiro que depositou nas mãos daquela irmã, dizendo:

– *Madre, leve a colaboração. É de minha parte e é o que eu tenho. E digo para a senhora: o que faço é com muito amor.*

Felizes, despediram-se do Chico recebendo dele reiterados agradecimentos por visitá-lo.

Surpreso, fiquei meditando no que presenciara e lembrei-me do que Chico Xavier certa feita nos disse:

– *"Quando se constrói uma igreja, é uma cadeia que se fecha!"*

92

UM ANJO GUARDA O CHICO

Trinta de junho do ano de 2002, data da morte de Francisco Cândido Xavier, cuja responsabilidade missionária foi a de se colocar junto à Espiritualidade Superior para que a Codificação Kardequiana se desdobrasse em sua monumental obra psicográfica, seus pronunciados em entrevistas e, sobretudo, seu exemplo de vida cristã.

Testemunhou, exemplificou e vivenciou as sublimes lições do Evangelho de Nosso Senhor Jesus Cristo como médium espírita cristão.

Mas o que queremos relatar é um fato ocorrido com o nosso caro amigo e irmão espírita, o médium Celso de Almeida Afonso, registrando o que lhe ocorreu pela sua mediunidade de clarividência, quando na presença do corpo de Chico Xavier exposto no salão simples do Grupo Espírita da Prece, onde por tantos anos se realizaram as sessões espíritas com o extraordinário médium.

Quando observava o corpo de Chico Xavier sobre a urna mortuária, para sua surpresa, viu a alguns centímetros, acima da cabeça do Chico, uma figura espiritual belíssima, de semblante grave e inesquecível, envolvida em cor azulínea, estatura enorme, mais de dois metros. A nobre entidade montava guarda junto ao corpo daquele dedicado Servo do Senhor. Com lágrimas a escorrer pela face, Celso notou que o elevado Espírito tinha duas enormes asas parecendo um anjo a vigiar o corpo daquele que partira, com semblante de paz e uma seriedade nobre, dando a impressão de possuir imensa sabedoria. Observava o ambiente à sua frente e para os lados, com o olhar para o infinito, em silêncio profundo.

Celso Afonso, tocado por grande veneração e respeito, perplexo, pensou em jamais contar o fato a quem quer que fosse. Acabou por revelar-nos o quadro espiritual porque notamos que algo diferente lhe acontecera. Sob nossa insistência, permitiu anotarmos o ocorrido por julgarmos mais um acontecimento singular sobre Chico Xavier, ocorrido após sua morte.

Fazendo estas anotações, lembramo-nos da partida de Kardec em 31 de março de 1869, e após três dias, 3 de abril, o senhor Pagès de Noyes escrevia no jornal *Paris* sobre a desencarnação do codificador:

"(...) Vimo-lo deitado num simples colchão, no meio da sala de sessões que ele presidia havia muitos anos; vimo-lo com o semblante calmo, como se extinguem os que a morte não surpreende, e que, tranqüilos quanto ao resultado de uma vida honesta e laboriosamente preenchida, deixam como que um reflexo da pureza de sua alma no corpo que abandonam à matéria.

(...) Essa morte, que o vulgo deixará passar indiferente, não deixa de ser, por isso, um grande fato para a Humanidade. Não é mais o sepulcro de um homem, é a pedra tumular enchendo o vazio imenso que o materialismo havia cavado aos nossos pés e sobre o qual o Espiritismo esparge as flores da esperança" [1]

---

[1] *Allan Kardec,* Zeus Wantuil e Francisco Thiesen, Vol. III, Cap. III, FEB.

Valiosos ensinamentos com CHICO XAVIER

26 - Chico Xavier ladeado pelo nosso caro Celso Afonso e o respeitável "tio Pedro".

93

HOMENAGEM AO BENFEITOR

O Centro Espírita "Chico Xavier" de Jales, SP, tem como fundadores os nossos valorosos irmãos Pedro Bonilha e sua esposa Lúcia. Homenageia, desde 1992, o nosso estimado Chico com uma festa de aniversário no mês de abril (2/4/1910).

Juntamente com o nosso companheiro médium de Uberaba, Celso de Almeida Afonso, sempre participamos dessas comemorações, que obedecem à seguinte programação:

– Das 14 às 16 horas, o médium Celso atende inúmeras pessoas saudosas de seus entes amados que partiram para o Mundo Espiritual. Dando notícias verbais e fatos vários, cita inclusive nomes de familiares encarnados e desencarnados. Conta-nos o médium que naqueles momentos sente com segurança a presença de seu mentor espiritual, Adelino de Carvalho, orientando-o no que deve falar. Trabalho esse que o estimado amigo realiza em Uberaba, no Centro Espírita "Aurélio Agostinho", há três décadas, às segundas e sextas-feiras;

– Às 16 horas, na sede da entidade, é oferecida sopa fraterna com distribuição de gêneros alimentícios a uma multidão de irmãos em dificuldades maiores. No mesmo momento, realiza-se o Culto do Evangelho de Jesus, com comentários doutrinários durante uns trinta minutos;

– À noite, às 20 horas, reunião doutrinária, no qual vários irmãos comentam trechos dos livros de Kardec: *O Evangelho* e *O Livro dos Espíritos*. Durante o trabalho Celso Afonso psicografa inúmeras cartas destinadas àqueles que foram em busca de notícia e consolo. Para finalizar a reunião, um mentor grafa mensagem de cunho evangélico.

Na noite de 29 de março de 2008, após cinco cartas para familiares, encerrando as atividades, tivemos a gratíssima surpresa da presença do Patrono da Casa Espírita: Francisco Cândido Xavier.

Aos meus amigos...[1]

Companheiros, filhos do meu coração!

Mais uma vez sou agraciado com esta feliz oportunidade de vivenciar junto a vocês este momento de paz, de alegria cristã, pois, repartimos o desejo de oferecer algo de nós ao outro.

Agradeço a lembrança de aniversário que me presenteia com o carinho, que me envolve de tal forma, despertando-me o desejo de realizar mais do que aquilo que até hoje fui capaz. Que a misericórdia de Nosso Senhor Jesus Cristo me ajude a ser grato aos valiosos presentes a mim entregues em forma de lembranças.

Gostaria sim, de ter à minha disposição, outra veste física que me permitisse o exercício da mediunidade, para oferecer o alívio e a paz a esses corações saudosos.

---

[1] Mensagem psicografada pelo médium Celso de Almeida Afonso, em reunião pública comemorando o aniversário de Francisco Cândido Xavier (02/04), na noite de 29 de março de 2008, no Centro Espírita "Chico Xavier", em Jales-SP.

Estimo que uma reunião festiva como esta, possa devolver aos aflitos a calma e a confiança na providência divina, devolvendo aos saudosos a certeza de que junto deles permanecem seus bem-amados.

Aqui estou na condição de quem busca os corações amigos para que nos liguemos ao mais Alto, buscando oportunidades outras na vinha do Senhor.

Agradeço-lhes uma vez mais a recepção amiga que me é oferecida, na condição de sementes que me são entregues para o plantio como modesto agricultor que sou.

Que Deus abençoe aqueles que por determinado tempo usaram, do que podia eu oferecer-lhes, fazendo de minha mediunidade uma ponte, certificando que somos uns pelos outros, mas, sempre em trabalho constante.

Aprendendo e instruindo disponibilizaremos os recursos para compreendermos e sermos compreendidos.

As obras dos amigos da Vida Maior nasceram e cresceram conosco, e agradeço-lhes a paciência, o incentivo e o amparo que deles recebi.

Aprendi a valorizar as rosas da misericórdia que me chegavam e me esforcei para não revidar as ofensas que, às vezes, a mim foram endereçadas, em forma de benefícios, por me ensinarem o valor da mansuetude.

Reconheço a alegria dos amigos de Pedro Leopoldo e de tantos que se dispuseram a dirigir à porta do meu coração, conhecedores de que ali não encontrariam santidade que não possuía, mas a necessidade dos incentivos e das lições, que todos somos capazes de oferecer ao outro.

Pedro Leopoldo, Uberaba, Jales, enfim, nesta terra do

Valiosos ensinamentos com CHICO XAVIER

cruzeiro, encontrei as bênçãos que me sustentaram a proposta do trabalho. Meu carinho a todos e não deixem de lembrar de mim, permitindo-me o trabalho, a alegria e tantas outras experiências junto a todos vocês.

Jesus nos abençoe!

27 - *Chico Xavier e os amigos fundadores do Centro Espírita de Jales (SP), Pedro Bonília, a esposa Lúcia e seus dois filhos Diego e César.*

CHICO XAVIER POR ELE MESMO

I

"Estou na condição da terra e, sem dúvida, que ele (Emmanuel) é para mim o incansável semeador." (*A Terra e o Semeador,* Prefácio, IDE)

II

"Dediquei a vida inteira aos bons espíritos e peço a eles que me ajudem a cometer a cota menor possível de erros, porque não tenho mesmo recursos." (*Entrevistas,* q. 27, IDE)

III

"A mediunidade nunca impediu o desempenho de minhas obrigações." (*No Mundo de Chico Xavier,* Cap. 6, IDE)

IV

"– Diga um exemplo de algo que o faça sofrer. – Ofender ou prejudicar alguém." (*Anuário Espírita 1967,* p. 91, IDE)

V

"Emmanuel sempre me ensina que um médium é parte de uma equipe." (*No Mundo de Chico Xavier*, Cap. 2, IDE)

VI

"Aceito o mundo e os homens como eles são, e continuo eu mesmo." (*Anuário Espírita 1974*, p. 226, IDE)

VII

"O que mais me decepcionou é sempre a persistência de meus erros, através do tempo e da vida." (*A Terra e o Semeador*, q. 80, IDE)

VIII

"Quanto mais os bons espíritos escrevem por nosso intermédio, fazendo luz, mais reconheço a extensão de minha ignorância pessoal." (*Anuário Espírita 1967*, p. 90, IDE)

IX

"Estou infinitamente distante de alcançar mínimo grau de perfeição. Sou um animal em serviço e peço a Deus que me conserve nas disciplinas desse mesmo serviço, para não complicar os meus condutores, aos quais devo, de algum modo, retribuir as atenções que recebo." (*A Terra e o Semeador*, q. 89, IDE)

X

"Minha mãe, de que me recordo haver perdido a presença física desde os cinco anos de idade, cultivava a oração com assiduidade e nos educou no espírito da prece." (*Entrevistas*, q. 69, IDE)

XI

"O Espiritismo e a mediunidade trouxeram-me amigos tão queridos, que me dispensam tanto carinho, que eu me considero muito mais feliz com estes tesouros do coração, como se tivesse milhões à minha disposição." *(Entrevistas, q. 8, IDE)*

28 - Chico Xavier junto aos amigos.

GALERIA DE FOTOS

—⟫●⟪—

RELEMBRANDO MOMENTOS
DE ALEGRIA CRISTÃ

Incluímos aqui algumas fotos, com anuência de amigos que as cederam gentilmente para inseri-las neste nosso trabalho.

29 - *Chico Xavier com dona Dinorah.*

30 - *Dona Dinorah com Chico Xavier em reunião pública no Grupo Espírita da Prece.*

31 - *Outro Flagrante de dona Dinorah com Chico Xavier.*

32 - *Chico Xavier no Culto do Evangelho ao ar livre na Vila dos Pássaros, à sombra de um abacateiro, com amigos de Itabuna (BA) e outros.*

33 - *Chico Xavier com Sr. Weaker e dona Zilda, dona Elza e outros amigos.*

*34 e 35 - Chico Xavier com os amigos de Campo Grande (MS):
Carlos Sanches e Bete, valorosos trabalhadores na divulgação
gratuita de mensagens psicografadas.*

36 - Jarbas Varanda com os médiuns Chico Xavier e Waldo Vieira junto a amigos.

37 - Chico Xavier na distribuição de gêneros alimentícios nos anos sessenta.

38 - *Em pé, da esquerda para a direita: Dr. Madeira, Chico Xavier, Sr. Weaker, Dr. Elias Barbosa, Dr. Jarbas e Lázaro Gonçalves. Sentadas, da esquerda para a direita: dona Dalva Borges, dona Zilda, Antuza e sua irmã dona Nice.*

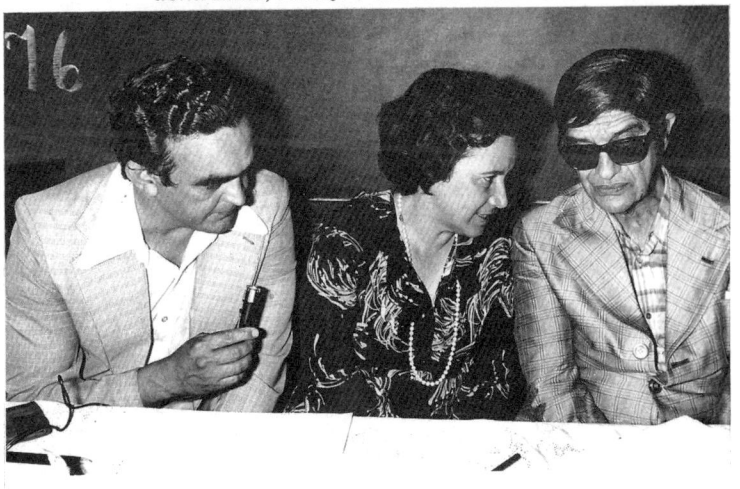

39 - *Chico Xavier com dona Sylvia Barsante sendo entrevistado por Dr. Jarbas Varanda, em Araxá (MG), no ano de 1976.*

40 - Chico Xavier ao lado de dona Sylvia e Sr. Antoninho, respeitado médium que, segundo revelação do Chico, ao tempo de Jesus, foi um soldado romano, personagem do livro Há 2.000 Anos..., *de Emmanuel.*

Os casos inseridos neste livro foram, por nós e por tantos outros confrades, presenciados junto ao médium Francisco Cândido Xavier.

Procuramos registrá-los por acreditarmos serem o exemplo vivo da atuação de um verdadeiro discípulo do Senhor e por sentirmos que servirão, a todos nós, na conquista de novos conhecimentos e, sobretudo, para nosso auxílio moral, promovendo o florescimento do amor genuinamente fraternal em nossos corações.